TUO ER SI TAI

托尔斯泰的故事

王艳娥 ◎ 主编

榜样的力量

　　榜样的力量是无穷的，好的榜样能给我们积极的思想、正确的行为、良好的习惯、完善的人格。树立了榜样就等于找到了自己前行的方向。

　　榜样是无比强大的力量源泉。

北方妇女儿童出版社

图书在版编目（CIP）数据

托尔斯泰的故事 / 王艳娥编著. -- 长春：北方妇
女儿童出版社, 2010.2（2021.1重印）
（榜样的力量）
ISBN 978-7-5385-4366-7

Ⅰ.①托… Ⅱ.①王… Ⅲ.①托尔斯泰，
L.N.（1828～1910）—传记—少年读物 Ⅳ.①K835.125.6-49

中国版本图书馆CIP数据核字(2010)第020188号

托尔斯泰的故事
TUOERSITAI DE GUSHI

出 版 人：刘 刚
责任编辑：张 力 刘聪聪 于 潇
开　　本：650mm×960mm 1/16
印　　张：12
字　　数：128千字
版　　次：2010年2月第1版
印　　次：2021年1月第6次印刷
印　　刷：三河市三佳印刷装订有限公司
出　　版：北方妇女儿童出版社
发　　行：北方妇女儿童出版社
地　　址：长春市福祉大路5788号
电　　话：总编办：0431-81629600

定　　价：33.80元

序言

　　"江山代有才人出"，在人类历史的长河中，涌现出一大批影响世界的风云人物。他们或者是杰出的政治家，凭着超乎常人的坚强毅力为国家和民族的前途引路；或者是卓越的科学家，为探索自然奥秘、改善人类生活而不懈努力……总之，他们由于在某一方面做出了杰出的贡献，已成为历史长河中的航标，引领着人类走向更加深邃的精神世界和更加精彩的物质世界。

　　这套丛书不仅告诉你名人成功的事实，更重要的是展示他们奋斗的历程，展现他们在失败和挫折中所表现出的杰出品质，从中我们可以吸取一些有益的精神元素。

　　这套丛书具有以下几个特点：

　　一是人物全面。本套丛书精心选取了从古至今全世界40位具有代表性的政治家、科学家、文学家、艺术家……这些人物均在各自的领域做出了卓越的贡献，对人类历史产生了重大影响，因此被广为传颂。

　　二是角度新颖。本套丛书不是简单地堆砌名人的材料，而是选取他们富有代表性或趣味性的故事，以点带面，从而折射出他们波澜壮阔、充满传奇的人生和多姿多彩、各具特点的个性。

　　三是篇幅适当。每篇传记约10万字，保证轻松阅读。本套丛书线索清晰、语言简洁、可读性强，用作学生的课外读物十分理想，不会加重他们的负担。

　　四是一书多用。本丛书是一部精彩的名人故事集锦，能够极大地开阔青少年的视野，同时还可以作为中小学生的写作素材库。

　　培根说："用名人的事例激励孩子，胜过一切教育。"榜样的力量是无穷的，而名人是最好的榜样，向名人看齐，你将离成功更近！

人 物 导 读

    托尔斯泰，俄罗斯的伟大心魂，百年前在大地上放射着火焰，百年后依旧照耀着我们青春时代的绚丽色彩。在阴霾的19世纪，他的思想抚慰着脆弱、敏感的灵魂。他建筑了一个明亮的共同世界，却在一次次的哲思中陷入了个人世界的探索。

    他的一生是体悟的一生，小时候他从对"小绿棒"的寻找中体悟着什么是幸福，一生坚持不懈；青年的他，在耽入"堕落"的上流社会时却能悬崖勒马，做个隐忍的士官生，他体悟到的是责任；在人生的起步期，他将所有心力放在解放农奴和教育农奴的事业上，体悟到农民们的愚昧是可以改变的；进入婚姻生活的他，极力在做好丈夫、好父亲，他体悟到了爱情、亲情；中年的他，遭遇了史无前例的精神危机，遁入了虚无和宗教的彷徨中，他在体悟：什么是存在？人存在的意义是什么？步入老年的托尔斯泰几乎是一个道德完善的标准，他突出了不以暴力抗恶和自我修身。

    托尔斯泰是博爱的化身，是俄罗斯的良心，他一生都在探求真理。《战争与和平》问世至今，一直被人称为"世界上最伟大的小说"；《安娜·卡列尼娜》是他的旷世之作；《复活》中，他用宗法农民的眼光重新审查了各种社会现象……他的与众不同就在于对事物的细心感知和认真体悟。

    伟大的托尔斯泰，其伟大的思想不是一本书就能参透的，他的思想不仅分散在其小说、剧作、政论文、书信、日记等中；更散落在全人类的灵魂深处。本文，我将通过对列夫·尼古拉耶维奇·托尔斯泰在生命中所经历的重要故事，串联出其思想的流变轨迹，以图让大家认识托尔斯泰。

CONTENTS 目录

CONTENTS

第一章

童年 少年 青年

❋ 最早的记忆 ❋

1828年8月28日，在雅斯纳雅·波良纳的一个宽敞房间里，人们紧紧包裹着一个刚出生的婴孩，这个孩子很想把胳膊伸出来，可是不行，于是他尖声哭了起来，人们为他的哭喊感到不安，围着他转来转去，于是他哭得更响了……这个诞生的孩子就是列夫·尼古拉耶维奇·托尔斯泰。这段回忆可以算作是他所能追溯（sù）的最早的记忆。

托尔斯泰的最早的记忆可以追溯到出生不多久的时候，他描述道："我被捆住，想把双手抽出来，但是做不到，于是我大哭大叫，这喊声我自己都觉得难听，但是我控制不住自己。有个人站在我旁边，弯着腰，我记不清是谁了，周围的一切模糊不清。不过我记得，一共有两个人，我的喊声对他们产生了作用，他们不知所措，但仍然不按照我的希望给我解绳子，我便越发大叫起来……我并不觉得家里的人对我苛刻和冷酷，因为他们怜悯我，我只觉得命运对我苛刻和冷酷，所以我可怜自己……"还在襁（qiǎng）褓（bǎo）里的这段不愉快的经历，使小列夫感受到了约束的不自由，而自由变成了他一生的追求。

另外的一段小时候的经历却是愉悦的：他坐在小木盆里，被一种香气包围着，看到了自己小小的身体，注意到了胸部的根根肋骨。光滑的黑木盆，裸露着的保姆的温柔的胳膊，冒着热气的水，他的小手沿着盆边摸来摸去，感觉到是那样的光滑。

他和他的小妹妹住在楼上的一间屋里，躺在他的小床上，他总是会感到很舒服、快乐。保姆们有时候会过去，说一些关于坏孩子或者吓唬孩子的话，这些都让他们又害怕又喜欢。他常常会把自己埋在枕头底下，藏起来，又偷偷地看着门，期待着一些新奇有趣的东西从门后面出现。就这样，他无忧无虑地过着童年生活。

直到有一天，大人们要求他搬到楼下住，他第一次感到了忧伤和恐惧，因为他要离开那些熟悉的东西，因为他要开始承担生命的责任。

❋ 家庭简史 ❋

托尔斯泰生命中多半的时间都是住在雅斯纳雅·波良纳，这是他的外祖父尼古拉·谢尔盖耶（yē）维奇·沃尔康斯基公爵的庄园，据说托尔斯泰与他的外祖父在相貌上很相似，与外祖父一样直挺的鼻子是其贵族特征的象征。

托尔斯泰的母亲是外祖父的独生女名叫玛丽亚，外祖父对她宠爱有加，更是亲自教她念书。玛丽亚小姐懂得四种语

言，还研究过农业、数学、地理、政治、天文。玛丽亚天性怯懦且长相欠佳，不擅长舞会交际却喜欢讲故事，托尔斯泰从其母亲身上遗传了艺术天才的基因。

父亲尼古拉·托尔斯泰也是贵族出身，但是老伯爵生前负债累累，尼古拉担当起还债的任务。尼古拉是一个活泼有趣、爱开玩笑但在任何人面前都不低声下气的人，他管理着庄园，时而打打猎，托尔斯泰常常为父亲健壮的体格和敏捷的行动自豪，他十分尊敬和爱戴他的父亲，并从父亲身上继承了待人亲切和蔼的作风和对大自然、狩猎的热爱。

母亲和父亲的结合源于父亲的欠债，但是婚后，玛丽亚悉心地照料着他们的家，和尼古拉真心相爱着。玛丽亚曾经写过一首诗："啊！夫妻恩爱，我们心灵的全部联系！……尼古拉和玛丽亚这两个连在一起的名字，永远是指我们这两个幸运的人。"

尼古拉伯爵和玛丽亚小姐总共生了四个儿子和一个女儿，他们分别是：尼古拉、谢尔盖、德米特、列夫以及玛丽亚。大儿子尼古拉在高加索当军官时染上酗（xù）酒的恶习，但为人善良仁慈，把自己的财产分给了穷人；二儿子谢尔盖，性格温柔，但有点自私；三儿子德米特，生活放荡，后患肺病死去；列夫·托尔斯泰是第四个儿子，他还有一个妹妹叫玛丽亚，虔诚地信奉宗教，后来入奥普亭隐修道院做了修女。母亲是在生下玛丽亚几个月后去世的，据说患了一种莫名其妙的疾病。母亲去世后，孩子们就由老祖母和艾琳姑妈来照顾，但给列夫·托尔斯泰影响最大的还是塔吉雅娜姑妈。

　　塔吉雅娜姑妈是个孤儿，由托尔斯泰的祖父母养大。托尔斯泰曾说："我从来没有想过她美不美。我一下就爱上了她的眼睛，她的微笑，她的暗色宽阔的小手，手上有交叉的脉纹。"从塔吉雅娜姑妈身上，托尔斯泰看到了爱和幸福，还有宁静和孤独带来的沉静的快乐。塔吉雅娜爱着尼古拉，但是为了坚守自己的爱，和对尼古拉的承诺以及对孩子们的爱，她不仅拒绝了玛丽亚小姐去世后尼古拉的求婚，而且终生未婚，悉心照料孩子们。

　　小列夫早就听祖母讲过，自己的家族是名门望族。家族里出了许多文学家、艺术家和政治家。在一本《俄国名人传记辞典》里，家族里被收入的人多达40位，占了95页。

　　这就是列夫·托尔斯泰的庄园和他的家人，列夫常常想：要是母亲还活着该有多好啊，她一定会告诉他楼下有很多善良的人，因为雅斯纳雅·波良纳是一个充满爱的地方，它的意思是"明亮的林中空地"。

　　让我们从他经历的那些小故事开始了解伟人托尔斯泰的生命轨迹和他的哲学思想吧！

✲ 小绿棍的故事 ✲

　　列夫的大哥尼古拉是一个非常优秀的孩子，非常爱讲故事，在他11岁的时候，某天向弟弟们宣布：有一个让所有人都得到幸福、没有疾病、悲伤并人人都相爱的秘诀，即大家都变成"蚂蚁同胞"。

尼古拉让大家都坐在椅子下底下，用一些箱子把椅子围住，再用围巾和手帕蒙上大家的眼睛，摸黑坐在那里，彼此紧紧依偎在一起，这就是尼古拉的"蚂蚁同胞"的游戏，这让小列夫心中充满了亲善和团结。

那什么又是让所有人都幸福的秘诀呢？

尼古拉说："我把秘诀都写在一根绿色的小木棒上，埋在某一个深谷边沿上的路上了！"小列夫开始踏上了寻找小绿棒的道路。

6岁的小列夫离开寝室之后，悄悄地溜出了庄园，沿一条林荫路往扎卡斯峡谷那边的树林走来。小列夫一边走，一边东张西望的，他害怕自己走错了路。他不知道庄园到扎卡斯峡谷有多远，以前哥哥们去那儿都不带他，说他太小。现在，他要自己去，不管多远自己也要去。

小列夫边走边安慰自己不要害怕，自言自语道："大哥他们一定想不到我会去找小绿棍的。等他们午睡醒来，我已经找到小绿棍了。爸爸一定夸我是个勇敢的孩子。"

小列夫跑了一段路就累了，只好又慢慢地往前走。他正走着，目光被一棵粗大的菩提树吸引了，并且看见了树下很大的一群蚂蚁。他走到树下，蹲下身专注地看着这些忙忙碌碌、进洞出洞的蚂蚁。他心中想到了故事中的"蚂蚁兄弟"的话。

◎菩提树：原产印度，因此通称印度菩提树，别名觉悟树、智慧树。在印度、斯里兰卡、缅甸各地的丛林寺庙中，普遍栽植菩提树，它在《梵书》中称为"觉树"，被虔诚的佛教徒视为圣树，万分敬仰。

他又自言自语起来："瞧，它们多么和睦啊；真像一家人一样。对呀，找到了蚂蚁兄弟，小绿棍就不会太远了！"他兴奋地跳起来，突然一怔，见塔吉雅娜姑妈已经走到了面前。

姑妈的脸上挂着汗珠，目光中充满了疼爱，还有一点责备："你怎么一个人跑出了庄园？"

小列夫扑到姑妈的怀里，搂住蹲下来的姑妈的脖子，说："我要去找小绿棍！好姑妈，你带我去找吧。你看，我已经找到了蚂蚁兄弟了……"

姑妈笑了，在小列夫红扑扑的脸上亲了一下，把他抱起来，说："你想啊，这片森林那么大，那小绿棍很不容易找到啊。不过，你别失望，你可以在另外一个地方找到小绿棍，知道那上面写的奥秘呀。"

"什么地方？你快说啊！"小列夫急得大声地嚷起来。姑妈笑着说："是在书本里。你只要好好读书，有一天就会找到那根小绿棍的。"

除了这根棍子之外，还有一座什么大荒山。大哥说：

只要我们遵守戒律，就领我们去登大荒山。但是有些戒律，那就是：第一，独自待在一个角落里，不许想白熊，小列夫常常忍不住，一走到角落处就想到白熊。再说第二条，踩着地板上一条缝隙走，不许踩空。第三条，一年之内不许见到兔子，活的、死的、油炸的都不许见，这条对于小列夫来说比较容易做到。最后，他发誓不向任何人泄露这些秘密。

小列夫的生活中，这些奇异的故事给了他很多启发，直到最后托尔斯泰都在寻找着那根能够得到幸福的小绿棍。

想飞的少年

列夫很小的时候其实是不喜欢读书的，他的一个辅导员曾经这么说过："尼古拉又想读又能读，谢尔盖能读但不愿读，德米特想读但不能读，列夫却既不想读也不能读。"

然而小列夫却是个喜欢幻想、并常常干出与众不同的事情来的孩子，桑·托马就说："这小孩儿有头脑，是一个小莫里哀。"

在小列夫读过的书中，他特别喜欢普希金的诗歌、克雷洛夫的寓言，还有俄国的英雄歌谣和民间童话。有一天，他当着家人的面很有感情地背诵了普希金的诗《致大海》。背完之后，他看到了父亲赞许的目光，也看到了塔吉雅娜姑妈欣慰的笑容。

小列夫在大家的鼓舞下，又开始了写作的设想：如果自己写一篇文章读给大家听，他们一定会更高兴啊。于是第二

天他把自己关在教室里，开始写他童年时最初的文学习作。

写什么呢？他想到了曾经在庄园外看见过的那两只美丽的小鸟；又想到了读过的关于鹰的文章。他决定写鹰。写着写着，他便产生了奇妙的幻想。他认为自己懂得飞行的技巧：只要坐在脚跟儿上，双手抱住膝盖，抱得越紧，就飞得越高。

正当大伙儿都吃饭的时候，他一个人偷偷来到教室里，爬到六码高的窗台上，纵身往下一跳……

他没有飞起来，却从窗台上摔下去了，立即摔得昏迷了。约16小时之后，小列夫苏醒了过来。幸好只跌了个轻微脑震荡。

他看见了眼睛红红的父亲和塔吉雅娜姑妈。并不知道两人一直守在他床边没合眼。他没事似的笑了，说："我想像小鸟一样飞翔，可是……"

父亲的焦急和关爱，使他明白父亲给予他们的爱都是一样的，尽管他曾认为父亲更关心其他兄弟。

这个孩子，这个未来的作家具有丰富的想象力，耽于幻想，想在自己的一生中干出一番惊天动地的事业。他时而想从烟雾弥漫的房子里救出妇女和儿童，或者阻拦住脱缰的奔马，救出马蹄

下垂死的骑手；时而他又幻想自己是个将军，指挥着千军万马驰骋在广阔无垠（yín）的大草原上……

责任

写完他的那篇《鹰》，他又决定写另一篇作文《鹫（jiù）》。他正在教室里为写这篇作文苦思苦想、憋得头疼时，忽然听到外面传来吵闹声。他循声来到庄园外的一片草场上。远远的见草场边站了一群人，多数是小孩子，正在看一个男孩儿骑马在草场里转圈儿跑。

小列夫来到人群跟前，见那匹马已经回到人群前，那男孩儿下了马：正是他三哥德米特。德米特下了马之后，那匹马便被管马的农奴牵过去了。小列夫见那农奴牵马要离开，急忙上前拦住，说："我也想骑马。"

◎农奴：农奴是封建社会中隶属于农奴主或封建主的农业生产劳动者。在经济上受剥削，没有人身自由和任何政治权利，是人身属于主人的农业劳动者，社会地位极为低下，受到封建主多方面的剥削和奴役。

农奴劝说这匹马已经衰老，且被哥哥们骑过，今天不能再骑了，可是年少的列夫却固执着要骑，他从农奴手里夺过马缰，想牵马进草场，可那马却不肯迈步。他生气地抢下农奴手里的马鞭，使劲儿地抽打在马身上。

农奴终于开口了："这匹马已经20岁了，您看它疲惫得快要站不住了。可您还打它，您就不知道可怜可怜它吗！？"

小列夫顿感自己的无理取闹，心中十分羞愧，仿佛他打过、欺负过的不是一匹老马，而是一个老农奴。是啊，他从未对任何一个农奴声严色厉过，更不曾鞭打过农奴和仆人，可为什么这么粗野无情地打一匹可怜的老马！

自责像火一样炙烤着他的心。他对管马的农奴低声说："谢谢你提醒了我，我错了，我可以向它道歉。"变转身对老马鞠了一躬，郑重其事地说："对不起，我不应该打你，我知道你一定很疼……"

小列夫从小就知道了勇敢的承认错误并承担自己的责任，他不仅学会善待农奴，更学会了善待一切。

锻炼自己

小列夫是个非常爱思考的孩子，他常常觉得自己需要体会种种感受，并不断地锻炼自己，这也是小列夫与众不同之处。

他相信他自己会比马跑得快！

有一次，他们乘马到雅斯纳雅·波良纳，当马车在途中休息时，小列夫不声不响地开始了步行。等马车出发，快赶上他时，他就跑起来。马车上的人不知道出了什么事，想追上他，也就让马车加快了速度。

小列夫也快跑起来——赛跑开始了。大约跑了有两里路，小列夫实在累得跑不动了。他气喘吁（xū）吁，汗流满面，都快要站不住了。马车追到跟前，家人把小列夫抱上马

车，人们七嘴八舌关切地问他，为什么要和马车赛跑啊？

小列夫一直不满意自己的长相，他在最早的记录中这样写道："我常常感到悲观失望，我寻思：像我这副长相，

大鼻头、厚嘴唇、两只灰色小眼睛，在世界上是不会有幸福的，我祈求上帝显灵，使我成为一个美男子，我甘愿舍弃我现有的一切以及将来可能有的一切，换取一张漂亮的脸蛋。"他爱上了一个漂亮的男孩儿萨莎·穆辛·普希金，可是这个男孩儿却看不起他；他喜欢一个漂亮的小姑娘索涅奇卡，可是她对他一点儿都不注意，加上法语老师又常常打击他，使得小列夫开始感到孤独。

有一次他忽然想到：一个人要幸福不取决于外因，而是取决于对外因的态度；如果这个人能够吃苦耐劳，就不会不幸福。为了训练自己吃苦耐劳，小列夫把一本厚厚的大辞典托在一只手上，并伸直了胳膊，他忍着钻心的剧痛，默默地在心中数数……他足足坚持了有5分钟，在经历这些锻炼后，他发现从小到大没有人打过他，他想：不行，我还要进行更艰苦的训练，我得让人揍我一顿，我要看看自己能不能忍得住。

于是，他去找到那个农奴，说："你还记得我以前打过你的马吗？我打他你一定很心疼，生我的气吧……"

接着他又问："你想不想为那马出一口气，打我一顿，我很愿意……"

可是农奴哪里敢打小少爷啊，不管小列夫如何央求，甚至反过来求他不要再说了，他如果闲得无聊可以打农奴一顿取乐。他只好无可奈何地离开了。

唉，没人打自己，就只好自己打自己了。这天晚上，小列夫悄悄钻进一个小贮藏室里，脱光了上身，开始用绳子抽打自己的脊背。他极力地忍着痛，可还是忍不住流下眼泪。

他之所以这样做，是因为要使自己学会忍受寒冷、疼痛和其他痛苦。他想，如果这些都能忍受了，那么今后生活中就不会再感到烦恼，也就是幸福的了。

小小的列夫，用他的冥思去看待这个世界，感受着一切，这种独特的思维方式在他的生命中一直延续着……

痛失父亲

1836年秋，小列夫8岁的时候，因为哥哥们上学的缘故，他们一家搬到了莫斯科。在此之前，他父亲已经在莫斯科买好了住宅，并为子女们的教育做好了准备。

这是他第一次出远门。他对途中所见到的一切都感到新奇，小脑袋里还产生了一些想法。他知道了生活在这世界上的不仅他们一家，人们还有另外一种生活，正是在这里，托尔斯泰对事物的看法发生了根本的转变。

他看到小铺老板和农夫并不向他们脱帽鞠（jū）躬，好像也不愿意理睬他们。当看见绿屋顶的乡村教堂或红屋顶的地主住宅时，他就想：那些住宅里住着什么人呢？我们为什么不去与他们认识一下？托尔斯泰的心灵像海绵一样尽情吸收生活之水，来感受莫斯科神秘的方方面面。

父亲在莫斯科买的住宅宽敞而舒适。一家人生活方式几乎没有什么变化：还是养着自家的马匹，仍然是那些仆人服侍他们。塔吉雅娜姑妈还像以前那样温柔亲切地关爱着孩子们。男孩子们都念书，并未去学校，而是请了家庭教师，莫

斯科给了他许多新鲜的刺激，他觉得在这里生活很开心。

但好景不长，1837年6月下旬的一天，父亲突然去世。

尼古拉·伊里奇是怎样去世的？是谁把噩（è）耗告诉祖母和全家人的？谁也不知道，他到图拉去办事，不幸从那里传来噩耗。

据说：他在街上走着走着，突然感到不适，一头栽倒地上，不省人事。也有人说是他的随身仆人彼得鲁沙和马丘沙兄弟俩谋财害命，把他毒死的。尼古拉·伊里奇随身携带的款项和票据均不翼而飞，那笔款项始终没有找到，而票据过了一段时间被一个神秘的女乞丐送到莫斯科托尔斯泰家中，据那个女乞丐说，她是在一座教堂前的台阶上捡到的。

那天，父亲买下了图拉城一个地主的庄园，而那地主的妹妹却反对这宗交易。因为她是庄园的法定继承人，原本指望地主死后继承庄园——而地主却私下卖了庄园，把钱分给了他的女儿们。

这个地主妹妹于是大肆活动，无理取闹，誓要破坏这宗交易。她甚至到莫斯科军人总督那儿告了父亲一状，说这宗交易是非法的。

为此，父亲一直在莫斯科与图拉城两地奔波。去世的这天白天，他从莫斯科赶到图拉城，来不及休息，就在各官署之间奔走……

小列夫不能接受父亲去世的事实，他总以为父亲会像从前那样踩着打猎归来时愉快的步伐回家，还会和他在莫斯科的大街上讲述种种故事，然而，在很久以后他终于明白，所谓死亡就是你爱的人再也不会回来。这是小列夫第一次感受

到死亡。

　　祖母承受不了失掉唯一儿子的苦痛，不到一年就病逝了，这次小列夫见到了死亡！姑妈们都在抹眼泪，还有一些女客说："完全是孤儿了，他们的父亲刚死不久，现在祖母又过世了。"

　　接踵（zhǒng）而来的死亡，使小列夫预感到他将面临可怕的孤独。

✳ 孤独与监护 ✳

　　1838年6月里的一天，小列夫和两个哥哥还有妹妹乘马车回家。护送他们的有塔吉雅娜姑妈和家庭教师。家庭教师已经不是原来的那个德国老人，而是一个法国人，小列夫起初不太喜欢他。

　　父亲和祖母去世后，托尔斯泰一家的生活发生了巨大的变化，庄园的收入远远不够维持在莫斯科的开支。为了节省费用，他们决定让年龄大的尼古拉、谢尔盖

同大姑妈和教师圣·托马留在莫斯科继续学习，其余年龄小的就由姑妈塔季扬娜·亚历山大罗芙娜带回雅斯纳雅·波良纳。这很称托尔斯泰的心意，因为不再跟讨厌的圣·托马念书了。后来，托尔斯泰和圣·托马的关系恢复了正常，并且建立了友好的通信联系。圣·托马是最早发现托尔斯泰具备敏锐的艺术感的人之一，而且劝他从事诗歌创作。

生活上的变化带来了小列夫内心的感触。他发现他们成了孤儿之后，在别人心目中的地位也发生了变化。有一次，他们兄妹接到父亲一个朋友的邀请，去参加一个晚会。富人中还有他们一个贵族亲戚，是当时军政大臣的侄儿。晚会上所有的孩子都得到了一份礼物，顶数那位亲戚的礼物贵重，而小列夫兄妹的礼物却很平常。这让他们很生气。

孤独的岁月让他耽于思考，他在少年一文中写道："在我过着孤独的、内向的精神生活的一年里，一切有关人类使命、未来生活和灵魂不灭的抽象问题已经摆在我的面前……"

小列夫常会突然地、迅速地往旁边看看，别人都不知道他在干什么，姑妈问道："你在干什么呢？"

他回答道："我要在不存在的地方抓住虚无！"这让塔吉雅娜姑妈一头雾水。

原来他疯狂地着迷于怀疑主义。列夫认为：除了他自己之外，宇宙间的任何人以及任何事物都不存在，物体并非物体，而是意象。那些物体在你想的时候才会显现。

父亲死后，他们就由亚历山大·伊里伊尼奇娜·奥斯坚·萨肯，也就是艾琳姑妈监管，他们要动身去喀山了，每次想到要和塔吉雅娜姑妈分别，小列夫都禁不住流下泪水。

在他和兄妹动身去往喀山的前一天晚上，他和塔吉雅娜姑妈一直长谈到深夜。他还朗诵了那首题为《献给亲爱的姑妈》的颂诗。

带着塔吉雅娜姑妈的叮嘱与牵挂，小列夫和兄妹来到了喀山。他们来到喀山的时间是1841年的11月，这时在莫斯科大学哲学系就读的大哥尼古拉也转学到喀山大学。

在14岁之前，对他产生较大影响的书籍有：《圣经》、《一千零一夜》、普希金的诗《拿破仑》、俄国的民间故事、俄国作家波加列尔斯基的《黑母鸡》。

1844年，16岁的列夫决定考大学了。

考大学主要还是佩拉格娅（yà）姑妈的主意。列夫小时的理想是成为一名军官——他父亲退伍时是个中校，还参加过1812年的卫国战争。

这个时候，列夫想成为一个外交家，他报考了喀山大学东方语言文学系。就在他准备考大学，并为军官梦破灭而惋惜时，哥尼古拉大学毕业，并且参军，当了一名炮兵军官。

这年6月5日，列夫参加了大学考试，考试成绩是：法语、德语、阿拉伯语、土耳其语、鞑靼语都得了5分；英语、文学、数学、宗教课各得了4分；拉丁语翻译得了2分；俄国史、世界史、统计学、地理都只得了1分。

结果成绩不及格，考试失败。列夫当然有说不出的沮丧了。他写信把考试失利的事告诉了雅斯纳雅的塔吉雅娜姑妈，字里行间透出灰心丧气。

二哥谢尔盖为了让他散心，就领他去参加上流社会举办的晚会和舞会，使他开始接触了上流社会的享乐生活，他

很快学会了抽烟、喝酒、跳舞，并一度乐此不疲。佩拉格娅姑妈对列夫听之任之——她本人就是上流社会享乐集体的一员，她并不认为列夫是堕落。

这个时候的托尔斯泰，常常被人称作是怪人，一个莫名其妙的人，同学们根本不理解他。有一次，托尔斯泰写了一篇关于对称的重要哲学论文，恰值他哥哥的一位同学口袋里带了几瓶酒来探望他们哥儿俩，他匆匆读了一遍桌上的论文，问："这篇论文是谁写的？

"是我写的！"列夫回答。

然而，那个年轻人哈哈大笑，根本不相信列夫的话。

此时的列夫对上流社会的活动始终带着一种矛盾的心理去参与。一方面，他迷恋着这种生活，很高兴自己可以游刃有余于社交界，认为自己的生活虽然懒散奢侈，但不至于有害，不仅能享乐还能建立友谊；另一方面，他又觉得自己是在堕落了，他那淳朴的本质天性和这里是格格不入的。他常常在这两种想法里游走，试图克制自己的情欲，又无可自拔。

就在列夫在上流社会享乐的旋涡（wō）里越陷越深时，塔吉雅娜姑妈的信及时寄到了。塔吉雅娜姑妈劝他振作

起来，鼓励他战胜自卑，勇敢地面对挫折，接受挑战，这封信像警钟一样震醒了列夫麻醉的灵魂。他决定重新复习，进行补考。同年8月4日，列夫补考历史和统计学。考试合格，终于获准进入大学。

列夫立即写信把这个好消息告诉了塔吉雅娜姑妈。他在信中说："姑妈，是您挽救了我的一生啊！谢谢您！我亲爱的姑妈。"

❈ 退学与自学 ❈

列夫进入大学后，这表明他已经是一个大人了，可以有自己的马车，看门人要向他鞠躬，这个冬天，他正式进入了喀山社交界。对所有的舞会和晚会及其他招待会，列夫是有请必到。他经常为自己能引起人们的重视和注意而欣慰。

他在社交界受到了欢迎，但有点腼腆和笨拙的性格决定了他不太善于讨女孩子欢心。然而，他对自己现在的生活态度始终是矛盾的，看看他的成绩你就知道了。

1845年的上半年考试是1月12—22日举行的——喀山大学学生是每半年考试一次。共考四科，每科分成绩和勤奋两种分。列夫这次考试各科分数是：教会圣经史：成绩3分，勤奋2分；阿拉伯语：成绩2分，勤奋2分；法语：成绩5分，勤奋3分；他没有参加普通文学史的考试。

根据半年考试的成绩，列夫未被允许参加升入大学二年级的升级考试。对此，列夫很恼火，然而，他怪不得谁，只

悔当初经常旷课去搞社交活动！

他开始反思自己的行为，并在日记里对自己进行了严厉的批评。他决心远离那种灯红酒绿的生活，专心学习。为了摆脱不良环境，列夫和两个哥哥搬出了姑妈家，租房另住。

半年考试之后，列夫转到了法学系。法学系的课程更轻松，大多数学生是花花公子，这里的学习气氛更差。

列夫经不住享乐的诱惑，不久又旧病复发，开始旷课去参加一些社交活动。他在无法离开上流社会体面的生活和浪费时间、荒废学业间矛盾着，在日记里常常警告自己要"走正道"，不能再"混"下去了。渐渐地，他开始了系统地写日记，这习惯一直保持了下来。

法学系有位才华出众的德国年轻教授梅耶尔，是教俄国法学史的。

在期末考试之后的一天，梅耶尔找到了列夫，问道："你觉得这次考得怎么样？"

"我想还可以。"列夫笑一下，回答。

"很遗憾，你考得很糟。我不得不给你一个坏分数。"梅耶尔耸了耸肩，又说："但我觉得有点奇怪：你好像根本不愿意认真学习。你对法学不感兴趣吗？……"

梅耶尔从托尔斯泰富有表情的面孔和聪明的眼睛确信：只要他有愿望并能独立钻研，就能成为一个出众的人。为了培养托尔斯泰对学习的兴趣，他给他布置了一个作业。

梅耶问道："有没有兴趣研究一个题目？"

"什么题目？"

"关于孟德斯鸠的《法意》和叶卡特琳娜女皇的《谕

旨》之比较。这个题目你先研究一下，不久我会让所有学生研究。"列夫接受了这个作业。

这是他有生以来第一次认真地进行学术研究。这一研究结果，让他得出了一个大胆的结论：俄国生活中巨大的罪恶就是"专制"与"奴役"。有了这种认识，列夫开始对现存制度表现出了怀疑；随之，他对所学的官僚主义和法律学也感到了厌恶。

梅耶尔教授没有想到正是这个作业、这种研究使得托尔斯泰确信——他对这些题目不感兴趣。他认为在大学之外，才能够更自由地学习那些他感兴趣的东西。

有一次列夫跟一个同学一起被关进了禁闭室，他对那个同学说出了心里话："谁要知道伊凡雷帝第二次和杰姆鲁克的女儿结婚时在1562年8月21日举行的，他第四次和安娜·阿列克塞耶夫娜·克托尔斯卡结婚是在1572年举行的呢？可是他们想要我死记这一切，要不然就会给我一个低分。……"他又一次流露出了离开大学的念头。

这段期间对他影响最大的是卢梭的著作《忏悔录》，使他感受到了那种憎恶虚伪、热爱真理的情感，也大大加强了他本来就有的追求真实、厌恶虚假的秉性。列夫还读了卢梭获奖的论文《论科学和艺术》。

在他15岁的时候就已经读完了卢梭的20卷著作并贴身佩戴了卢梭画像的纪念章，来代替东正教的十字架，可见他对卢梭的热爱。正是在卢梭的影响下，他希望过一种简单的原始生活。

在雅斯纳雅度假的时候，他给自己缝制了一件十分蹩

（bié）脚的肥大长袍。晚上穿着长袍睡觉，白天更是穿着，他还在长袍下面缝了纽扣，走路的时候就可以扣上，以免绊倒。他整天在森林里漫步，疲倦了就拿出一卷卷厚厚的哲学书（有伏尔泰、黑格尔、卢梭的著作）垫在头下睡觉。

研读哲学著作，思考哲学问题，使列夫跟周围的人渐渐疏远了。他怕别人不理解他，也不愿与别人谈自己的想法。他离开大学的想法越来越强烈了。

托尔斯泰力图避免工作和读书的片面性，他给自己提出办事有始有终的要求，要求自己深刻和严肃地研究各种感兴趣的问题，并且使它们获得圆满的答案。他并非连续读着到手的书，而是按照自己既定的目标选择阅读有关的书。他说："我读了大量的书，我紧张地埋头于其中，但是，所有这一切都沿着一个方向。当我对某一问题发生兴趣的时候，我把精力倾注于其上，既不偏右，也不偏左，我力图知道在这个问题上已经公诸于世的一切见解。"在大学生活的后期，托尔斯泰把写笔记发展为系统地记日记。

说到记笔记，就不得不说：托尔斯泰家有写记事簿和日记的传统，母亲写过《个人备忘日记》，对大哥尼古拉的举止和言行作过记录；父亲有一本录诗簿，上面抄录了他喜爱的诗人的作品。托尔斯泰7岁时就写起记事来，在记事簿里，他描写了各种鸟类——老鹰、鸢（yuān）、猫头鹰、鹦鹉。托尔斯泰9岁时，开始写题为《外祖父的故事》的新笔记，这是对身经百战的老团长的各种奇遇的生动叙述；另一本笔记本叫做《格言》，他在里面画了些说明格言的速写。

托尔斯泰一声不响地在记着日记，日记成了他的终生伴侣，直到临终前4天他才搁（gē）笔。

1847年9月12日，列夫以"健康不佳及家庭原因"为由，提出了退学申请。列夫退学之后，便回到了家乡雅斯纳雅。

这段日子里他依旧坚持着写日记，并为自己定下了以下准则：一、不顾一切困难去完成他自己决定要做的事情。二、很好地完成他正在做的事情。三、凡是他忘记的绝不去查书，而要尽力把它回忆起来。四、经常让他的头脑尽全力工作。五、随时大声地阅读和思考。六、不要告诉那些打扰他的人他们妨碍了他——先让他们感觉到，可是要告诉他们（如果他们不明白），要向他们道歉。

尽管离开了大学，托尔斯泰也没有放弃学业，他的理想是读自己喜欢的书，自由地学习，因此给自己订了一个庞大的学习计划。

1. 学好大学毕业考试的法律学科的各门课程；

2. 学好实用医学以及部分医学理论；

3. 学好法语、俄语、德语、英语、意大利语和拉丁语；

4. 不仅在理论方面，而且在实践方面对农业进行研究；

5. 学好历史、地理和统计学；

6. 学好数学课程；

7. 写一篇学位论文；

8. 在音乐和绘画方面要达到相当高的水平；

9．订出行为守则；

10．掌握一些自然科学方面的知识；

11．在将要学的各门学科中必须写出一些文章来。

这个庞大的规划看上去是无法实现的，可据列夫的女儿后来说，除了法律学、绘画和医学外，列夫在其他方面都获得了真正的知识，直到晚年，列夫都没有停止过在各个领域里的自学。

✹ 内心的骚动与彷徨 ✹

离开了大学，生活又回到了雅斯纳雅的轨迹上，在这段青春期的日子里，托尔斯泰经历着骚动、彷徨和沉静。

列夫退学回到家乡不久，兄妹们都聚到了一起。他们都到了成家立业的年龄了。大哥尼古拉当了军官，二哥谢尔盖和三哥德米特也都大学毕业了。妹妹玛丽亚已经准备出嫁。

到了分割父母遗产的时候了，按照当时贵族分财产的惯例，妹妹只能获取财产的十四分之一，但是哥哥们疼爱妹妹，就让其参与了平均分配。列夫得到了雅斯纳雅这块领地，包括这座美丽的庄园。这样，列夫就成了拥有1470俄亩土地（其中175俄亩是森林）和330名男性农奴的地主了。

当了地主之后，列夫以极大的热情开始了他的管理工作。他购买各种机器，改进田间作业，他决定进行农事改革。列夫显然是受到了格里戈罗维奇的《苦命人安东》的影响。在这部小说中，他有了一个令他愉快的大发现：他发现

农奴是他们的养育者，甚至可以说，是他们的老师。

他怀着热情来到农民的家里，农民们却惶恐地出来迎接他，他们不知道这个年轻的地主目的何在，他们已经习惯了愚昧和贫穷、污秽（huì）和奴役，不相信他们的生活会改变，也不相信这个年轻人可以改变他们的生活。

列夫感到很痛苦，他不止一次的思考："这些梦想哪里去了？我在这条路上寻找幸福已经一年有余，我找到了什么呢？……他们的情况并没有改善，而我的心情却一天比一天沉重。哪怕我能看到我的事业有一点成就，哪怕有一个人感谢我……可是我看到的却是错误的因循守旧、恶习、不信任、束手无策。我在浪费人生中最好的岁月。"

托尔斯泰这时还太年轻，只知道担忧着急，不懂得农奴制度本身已经腐朽了，这是那个时代的主要问题。不管他在经营管理上如何改革，不管是购置新机器，还是建立农场、开办学校和设立医院，都不能使农民们满意。

他一次又一次地到村子里把粮食分给那些贫困的农民，

对有些人用现金去救济，又把自己的一部分森林分给农民去支配，并且取消了对农奴的体罚。这些措施引起了庄园周围的地主的强烈不满，然而农民的生活状况仍旧没有得到改善。这种苦闷他无法摆脱，很多时候他常常将自己关在屋子里，一连几个小时弹钢琴，然而，这并没有让他的心绪安宁。

1848年10月，痛苦的列夫想出外散散心，就去了莫斯科。在莫斯科，他住在一个贵族朋友的家里。自然而然，又与朋友们出入于上流社会，终日吃喝玩乐，无所事事。

到第二年2月，他决定去彼得堡大学参加民法和刑法候补博士学位的考试。便离开莫斯科，到了彼得堡。经过一段时间的认真准备，列夫以优等成绩通过了民法和刑法两门课程的考试。但他又改变了主意，下决心去骑兵连当一名士官生——军官梦在他心中死灰复燃。5个月之后，列夫却放弃了当军官的计划。这时钱也花光了，他决定返回家乡。在回家的途中，他结识了音乐家鲁道夫，并把他带回了雅斯纳雅。

回到家，他除了去打猎，就在鲁道夫的指导下练习弹钢琴，偶尔也去图拉市贵族俱乐部喝酒、打牌、看茨冈人唱歌、跳舞。

这一段的生活是躁动不安，变化无常的，在这几年的摸索当中，托尔斯泰那热烈而不宁静的心灵，始终都在寻找日后生活的方向，他在寻找生命的猎物，他还没意识到写作将成为他的猎物。

躁动、混乱的日子是在大哥由高加索回来后结束的。大

哥尼古拉当时是在高加索服兵役，他看出了兄弟的焦躁和困境，看出了他目前不管是在雅斯纳雅还是在莫斯科都不会有能吸引他工作的事情。

"跟我一起去高加索吧！"大哥问道。

托尔斯泰怔了一下，这个时候他正忙着偿还赌债，尤其是欠雅斯纳雅附近一个小田庄的军官的4000卢布。

"嗯，大哥，我跟你一起去！我一直梦想着像父亲那样做一个军官，我一定会是一个好军官的。到了那里，我再也不玩儿纸牌了，我发誓！"

他把财产托付给了他的妹夫，由他替他还债，并且他要求他妹夫每个月只给他500卢布的费用。

1851年4月20日，尼古拉和列夫离开了雅斯纳雅·波良纳。

✺ 托尔斯泰与音乐 ✺

托尔斯泰按他自己的话说："很容易受音乐感染的我"一生都醉心于音乐勾魂摄魄的征服力。听着音乐，他会动情地说："活在世上真好！"他的大儿子音乐家利沃维奇曾谈起音乐对父亲的强劲影响：在音乐声中"他的脸上会现出特别的神态，脸色发白，目光凝视着远方，常常不能自已，眼里噙（qín）着泪水"。即使在托尔斯泰临终的那年，他听到留声机放起特罗扬诺夫斯基演奏的果拍克舞曲，还是不由得感叹道："真想跳舞啊！"他常常在最孤独、最苦闷、最

无奈的时候以音乐来聊以慰藉。

音乐对托尔斯泰来说一贯具有强烈的吸引力，莫扎特、海顿、舒伯特、肖邦都是他喜爱的音乐家。他同时也非常喜欢民间音乐，一边吹着茨冈人歌曲旋律的口哨，一边把它们谱成曲谱。

托尔斯泰将这段自己的理想与农民之间冲突的日子称作为"乌烟瘴气的时期"，才气横溢的德国人鲁道夫使他振作起来，苦闷无聊的托尔斯泰在他的艺术天地找到了一条出路，他认定自己可以成为一位伟大的作曲家。他一连数小时弹钢琴，陶醉在音乐作品之中，甚至企图写一部音乐理论著作《音乐基本原理及其研究规则》，可是没多久，他又厌倦了钢琴。那位音乐家也只好怀着深深的遗憾离开了。

图拉当时有一个优秀的茨冈人合唱团，列夫同他二哥谢尔盖经常是那儿的座上客，大多数俄国贵族青年当时都迷恋茨冈人，他们那种无忧无虑、自由豪放的生活，出色的音乐才能，茨冈妇女的善良淳朴都令人神往。

茨冈人通常在图拉城郊某家住宅里聚会，组成一个合唱队，妇女身穿彩色连衣裙束一条鲜艳的腰带，一边肩上搭着彩色披肩，呈半圆形坐在前面，身材匀称；面色黝黑的茨冈男人穿着花花绿绿的绸衬衫和棉绒背心，手抱吉他整齐地站在她们后面，指挥站在合唱队前面，依次拨动琴弦。他突然将吉他稍微拨动一下，随即，轻轻的、整齐的合唱声开始了。吉他手变幻有力的伴奏越来越高亢（kàng），越来越急迫，越来越激越，节奏加快，人们用脚击节相和，吉他手也弹得越来越快，越来越响，已经把整个手腕都按到吉他上。

两个茨冈女郎相继翩翩起舞，她们一边走一边踏着乔切特卡舞拍舞动着……

他喜欢民间音乐、民歌、民间舞曲，喜欢听各种民间乐器的演奏，吉他、风琴，特别是三弦琴。民间音乐，无论是俄国的还是外国的他都喜欢，他喜欢节奏鲜明、旋律明朗欢快，或是热情振奋的乐曲；而色调感伤、哭哭啼啼的曲子他却不动心。这也和他对"中和之美"的追求是一致的。

1907年12月，波兰音乐家朗多夫斯卡（1879—1959）曾在雅斯纳雅·波良纳用古钢琴弹奏了法国古老民间歌舞和东方的歌曲。托尔斯泰意味深长地说："这是真正的艺术，瓦格纳们（他很不喜欢瓦格纳功利性的音乐）和贝多芬（贝多芬对自己的自残又是他不赞成的）们就是在这个基础上培养起来的，而他们又扭曲了它。真正的艺术，是劳动人民创造的，谁都能够听懂；波斯人能够理解俄国人，俄国人也能够理解波斯人；而统治阶级的谎言谁也听不懂，他们连自己也不明白。"

列夫·托尔斯泰与彼得·柴科夫斯基生前还有过一段亲密的交往。1876年12月，托尔斯泰来莫斯科音乐学院做客，音乐学院院长尼古拉·鲁宾什坦在学院圆型大厅专为他组织了一场音乐会。其中演出了柴科夫斯基1871年创作的第一弦乐四重奏中的第二乐章"如歌的行板"。

此曲来源于一首名叫《瓦尼亚坐在沙发上》的民歌，是作曲家亲自从一位泥瓦匠口中记录的。它显然是一首古老的民歌，歌名和歌词是后来填的，与曲调的忧伤情绪并不吻合。当时在音乐学院任教的柴科夫斯基与托尔斯泰并排坐在

一起聆听，此曲深深地打动了托尔斯泰，使他流下了热泪，他情不自禁地表白："我接触到了灾难深重的人民的灵魂深处。"

托尔斯泰定义说："音乐是情感的纪录"，"音乐乃是通过声音唤醒或转达某种既知的情感"，他就是这样单纯地理解着音乐，他的好朋友音乐家戈登魏泽尔坦白地说："尽管托尔斯泰对音乐有极高的感受力，但是在音乐方面，终其一生也只是初通门径，而且对音乐的趣味未必完全是高雅的。托尔斯泰甚至几乎没有去过交响音乐会，对俄国最有名的歌剧、交响乐作品也知之甚少，在俄国音乐中他知道的多是抒情曲和钢琴短曲，特别是格林卡的抒情曲。而对柴科夫斯基和穆索尔斯基的抒情曲则不感兴趣。他最喜欢的是民间音乐。"这也许源于他对茨冈人音乐的热爱。

第二章

到战争中去

高加索的生活

列夫和哥哥从雅斯纳雅出发，先在莫斯科住了两个星期，然后到了喀山，在这里他燃起了对第一个恋人季娜伊达的爱情。但是他很快发现这个女孩儿并非是他所喜欢的。列夫没有物色到中意的对象，后来他听了大哥尼古拉的建议，把婚事搁置下来。

1851年4月底，列夫跟随大哥动身到高加索去。他们先乘车到萨拉托夫，接着乘船沿伏尔加河顺流而下，直达阿斯特拉罕，然后他们乘马车到了尼古拉的炮队所在的斯塔罗格拉多夫，这一路他们足足走了一个月，沿路的美好风景让托尔斯泰抑制不住自己的喜悦，他像一只放飞的鸽子获得了自由和新鲜空气。

他幻想着未来的生活：高加索的山、悬崖、激流、战斗，还有群山中的女人，5月底，兄弟二人来到高加索。到高加索后，列夫住在捷列克河边的斯塔罗格·拉德科夫镇。

这个镇上住的都是哥萨克人，而离镇不远的峡谷里住着车臣人。镇上的哥萨克人和山里的车臣人几乎天天发生冲突，枪声不断。紧张的气氛笼罩着整个高加索。

俄国的军队是帮助哥萨克人打车臣人的。为此，经常遭到隐藏在森林里、峡谷中的车臣山民的偷袭。1851年8月，列夫就自愿参加了一次战斗。由于他作战勇敢而荣获嘉奖，并受到总司令的接见。总司令劝他入伍，他爽快地答应了。

1852年1月，列夫通过了获取士官生军衔的考试，同一

天就接到授予他"四等炮兵下士"的任命书。在正式入伍后
的第一次战斗中，一颗炮弹打中他指挥的大炮的轮子，他险
些被炸死。在高加索的军队里，列夫共服役两年半。在战斗
中他出生入死，表现很好，被提升为准尉。

这段日子里，托尔斯泰的思想是矛盾的。一方面他无法
摆脱大俄罗斯主义的影响，认为俄罗斯人进行的是一场正义
的战争；另一方面，他又同情受压迫的高加索人民，反对俄
国军队对山民采取的残暴手段。他幻想通过和平谈判的方式
使高加索并入俄罗斯，然而在沙皇统治的情况下，这是不可
能实现的。

尽管他还在矛盾困惑中，但是高加索的生活使他的精神
上升到了最高的巅峰，他觉得童年时代渴望的飞翔如今不再
是梦想了，他的灵魂正遨游在智慧与真理的高空。

✳ 处女作 ✳

托尔斯泰在高加索期间，几度差点送命。

"假如炮口往左或往右偏离千分之一俄分，我就被击毙
了。"他在致友人的信中写道。

他勇敢无畏，几乎奋不顾身，差点儿没被契钦人俘虏。
许多年后，他把这件事的结局加以改编，写成短篇小说《高
加索的俘虏》。当时的情形是这样的：

托尔斯泰同友人萨多护送辎（zī）重车队前往格罗兹要
塞。辎重车队行进缓慢，停停走走，走走停停。托尔斯泰感

到寂寞无聊，便同护送辎重的另外四名骑兵超过车队，走在前头行经一条山谷，山民时刻都可能从山上或者悬岩峭壁后面突然袭来。三人走谷底，托尔斯泰与萨多两人走山梁。两人还没走上山梁，就看到一群契钦人朝他们蜂拥而来。托尔斯泰把险情大声通知同伴，同萨多飞也似地朝要塞驰去，幸而契钦人没有开枪。他们想活捉萨多，马跑得很快，他们得以逃脱，一位年轻军官的坐骑被击毙，把他压在下面，不得脱身，于是遇害。契钦人从他身旁疾驰而过，用马刀把他砍得半死，浑身是伤，俄国人把他抬回，但为时已晚，他痛苦地死去，托尔斯泰却活了下来。

行军作战、玩牌、打猎、同女人厮混并没有妨碍他的内心活动。高加索这丰富多彩、充满危险和刺激的战斗生活，为列夫施展青春活力提供了舞台。在他参加进攻车臣部队的战役立功后，司令劝他加入军队，列夫自然是接受了劝告，于10月底来到第比利斯，准备在那里参加士官生考试，可是因为他没有出生证明以及其他相关的文件，加入部队遭遇到了障碍，在这等待结果的日子里，他开始写起了《童年》第一部。

他在给塔吉雅娜姑妈的信里报告了他开始写作的情况："亲爱的姑妈，您有一次建议我写小说，

◎《童年》：在文学史上，多位作家写过名为《童年》的著作，但最著名的莫过于高尔基的自传体小说《童年》。

还记得吗？告诉您，我接受您的劝告了。我过去信里对您谈到过我所做的那件事，就是写作。我还不知道写的东西是否会问世，但我在从事的这件工作已经和我结下不解之

缘，我已欲罢不能了。"

对家庭幸福的憧（chōng）憬，依然在他脑际萦回，他一面写作，一面重温儿时的生活。那时家人团聚，共叙天伦之乐，他幻想在雅斯纳雅·波良纳重建家庭，建立自己的家庭。《童年》的写作使他总被一种感伤的气氛包围，在第比利斯的日子，他身体一直不好，加上孤独和痛苦，重温那些童年的美好，总让他感到温柔的触动。这部中篇小说经过他反反复复修改了4次之后，于1852年7月3日试探性地寄给了《现代人》杂志。小说署名是他的名字和父称的缩写——列·尼。

在随着小说寄给《现代人》主编涅克拉索夫的信里，列夫说："我怀着焦急的心情等着您的评判，这一评判也许将鼓励我继续做我心爱的工作，也许将使我把已经写好的东西付之一炬。"

8月29日，列夫收到了涅克拉索夫的回信："先生，我读了您的手稿，它是如此地引人入胜，我已决定把它发表出来。

因为没有看到续篇，我不能明确地下判断；但我觉得，作者是有才华的。至少作者的旨趣以及内容的质朴和真实已经构成了这部小说无可争议的优点。

请您把续篇寄给我。您的小说和才华都引起了我的兴趣。我还要劝您不要用缩写字母隐匿自己的名字，开始发表作品应用自己的真姓，如果您不仅仅是偶然来到文学界的客人的话。"

涅克拉索夫所说的"续篇"，即指后来的《少年》。

同年9月30日，列夫收到了涅克拉索夫第二封来信："尊稿已经发排，将刊登在《现代人》第九期上。我仔细读了校样（而不是字迹不清的手稿），觉得这部小说要比我第一次读时好得多。我可以肯定作者是有才气的。我认为对您这样一个初学写作者来说，深信这一点，目前比什么都重要。"

这两封信使列夫受到了极大的鼓舞，他继续从事写作的信心和决心更加坚定了。

小说发表了，却不见寄来稿费——涅克拉索夫10月30日来信中解释：按照杂志社规定，第一篇作品是不给稿费的，以后所有作品若被采用，则将按最高标准支付，即1印张30银卢布。

《童年》发表后，在文坛和读者中引起了强烈反响。一些著名作家对它给予了高度评价。有人认为，单就洞察儿童内心活动的力量来说，这是俄国文学中从未出现过的作品。

涅克拉索夫写信给屠格涅夫："请你注意第九期上《童年》这部小说，这是一个新出现的才子，而且看来是靠得住的。"

屠格涅夫看完小说，立即回信给涅克拉索夫说："你是对的，这个人的才华是靠得住的。请给他写信，督促他写作。告诉他：我欢迎他，向他致敬并祝贺。"

《现代人》杂志社编辑、作家巴纳耶夫更是对《童年》赞不绝口。乃至屠格涅夫说，巴纳耶夫的熟人遇到他总要躲开，怕他在大街上就谈论起《童年》来。

远在西伯利亚的陀思妥耶夫斯基也被《童年》感动了，

他写信给一位朋友，让朋友找到这位作者。

《童年》引起轰动，列夫本人也很得意，可他却未张扬。除了一起服役的大哥尼古拉和塔吉雅娜姑妈，他未告诉任何人。连他妹妹玛丽亚也不知道。一次屠格涅夫去看她，特意向她推荐一个不知名的作者写的《童年》。玛丽亚读完之后好惊讶：小说里面的故事有不少是她幼年经历过的。她猜想这篇小说可能是大哥尼古拉写的。后来，玛丽亚知道小说是出自小哥哥之手，真是喜出望外。

从这次受到好评以后，托尔斯泰孜孜不倦地写作，他坚持不让涅克拉索夫改动他的作品。新的题材在他脑子里不断涌现，形象越来越鲜明，一些意念逐渐变成明确的结论，他不再心猿意马、烦躁不安，戎马生涯成了沉重负担，他想自由自在专事写作，他怀念故园雅斯纳雅·波良纳。

"整个的托尔斯泰已经包藏在这部小说的主人翁当中了：在他明确而持久的视觉中，他用一种毫无缺陷的现实主义来观察人物；但他闭上眼睛时，又沉入他的幻梦中，沉入他对人类的爱情中去了"，罗曼·罗兰在《托尔斯泰传》中这样写道。

探家

大雪纷纷扬扬，在马车的周围狂舞。这是1854年1月19日，托尔斯泰决定在去多瑙河部队之前，先回一次故乡。

多么可怕的暴风雪呀！终于，他冻得实在受不住了。他下了马车，追随在车后小跑起来。

他不由自主地想到了小时候和马车赛跑的情景，感叹道：是啊，幼年时候的艰苦锻炼多么可贵啊！他又说："我瞎走了一夜，不过，我倒产生了写一篇短篇小说《暴风雪》的念头。"

两年后发表的《暴风雪》以及40年后的《主人和雇工》中的暴风雪的描写均来自这次体验。

他冒着风雪严寒，行程2000俄里，经过两个星期的艰难跋涉，终于回到了阔别的家乡雅斯纳雅。人们为他的归来欢呼，当他扑进塔吉雅娜姑妈温暖的怀抱时，姑妈流下了高兴的泪水。

在丰盛的晚宴之后，他和塔吉雅娜姑妈坐在壁炉前亲热地交谈。"这次随大哥去部队，我想恐怕是我选择唯一正确的一次。"

姑妈和善地说："你回来了就好，以后可以一心一意写你的小说，不会再为无事可做而愁闷了。"

列夫带着笑说："我这次是探家，我还要继续服役。我也想退伍，并且已经提交了退役申请。但是未获批准，因为去年10月俄国和土耳其的战争爆发了。我已经申请去多瑙河部队了，探家之后就去。"

"上前线吗？"

"是的。姑妈，我可以骄傲地告诉您，我作战很勇敢，几次有得到勋章的机会，却没得到。"紧接着他又说，"有两次是因为没有证件，一次让给了一个老兵，还有一次因为

下棋到深夜未值第二天的班而被罚禁闭。这是有些遗憾，不过我下决心以后再争取。"

列夫回来不长时间，听到他探家消息的妹妹和妹夫带着孩子来雅斯纳雅看他。妹夫也是贵族，在波克罗夫斯科耶有自己的庄园。

有趣的是妹妹玛丽亚取出一本《现代人》杂志，让列夫读上面的《童年》，并说："你看看，上面写的都是咱们幼年时的事情，是不是大哥写的？屠格涅夫对这篇小说非常欣赏，特意向我推荐的……"

列夫却笑着问："你认识屠格涅夫？《猎人笔记》的作者？"

妹妹笑了，说："这有什么大惊小怪！屠格涅夫的庄园离我们的庄园不远，在斯帕斯科耶。他经常到我们家做客。"

话音未落，塔吉雅娜姑妈在一旁笑着说："玛丽亚，你也别大惊小怪。那篇《童年》不是你想象的大哥写的，而是你小哥写的。"

"噢！我的上帝！"妹妹高兴得快要跳起来了，她责怪着哥哥没有用真名，害得自己胡乱猜想！一家人其乐融融，但是塔吉雅娜姑妈却心事重重，她知道列夫这一走不知道还能不能回来了。

他在3月中旬便起程前往多瑙河部队了。临走之前，为防万一在前线阵亡，他写了遗嘱。

✸一边战斗一边写作✸

1853年10月俄国与土耳其爆发战争，同年11月，俄军击溃锡诺普港的土耳其舰队，引起了英国和法国的干涉。

列夫到达多瑙河部队之后，先从布加勒斯特调到奥利坚尼茨镇；随后又调回布加勒斯特，被派到炮兵首长身边工作。布加勒斯特是座又大又漂亮的城市，这里的歌剧院、戏院等让他忘记了自己的职责。在这里他还没有闻到土耳其战争的火药味，这段日子他没写什么日记，只是在4月的时候把《少年》写完并寄给了涅克拉索夫。

1854年6月，俄罗斯军队过了多瑙河准备围攻锡利斯特里亚。最后参加了进攻西利斯特里亚要塞的作战行动。

他在给塔吉雅娜姑妈的信中写道："你们知道，在战争以前的那段时间里是最不愉快的：因为只有那时才有时间畏惧，畏惧是一种最不令人愉快的感觉。……我们都在期望进攻的信号，我已经准备得这么充分，假使有人告诉我，说进攻不举行了，我一定会太失所望。"正如他所料，这次作战行动中途被取消，并解除了围困。为此，俄军官兵士气受到很大影响，列夫本人也很沮丧。

期间的日子，托尔斯泰一直被疾病所困扰，在精神上也处于苦恼和焦躁的状态。这段日子里他读了巴尔扎克、乔治·桑、萨克雷等作家的小说，还有普希金、莱蒙托夫、海涅、歌德的诗，席勒、奥斯特洛夫斯基的剧作等。

同年9月，托尔斯泰晋升为中尉。英、法、土联军在克

里米亚登陆，围攻俄军要塞——塞瓦斯托波尔。塞瓦斯托波尔濒临黑海，有良好的港湾。同年11月7日，列夫被调到塞瓦斯托波尔参加战斗，他是保卫该城的炮手。

在这里他开始酝酿了一个提高士兵文化程度的计划，他想出一套军事刊物，他起草了计划、拟订了一期试刊号，并呈给公爵看，受到公爵的赞赏却遭到沙皇的拒绝，说是主旨不符合政府的意向，这使他非常痛苦。要知道，为了创办这份杂志，他卖掉了那座他出生并度过童年的一幢木房子。

遭受这次失败后，他想到彼得堡陆军学校学习，因为他感到在军队中生活根本无法进行他放弃已久的文学事业。最后，他的想法落空了，不过他利用闲暇时间翻译了海涅的叙事诗，写作了《青年》和《一个地主的早晨》。

1855年4月7日，列夫被调到第四棱堡，参加这里的守卫战。

守卫战异常激烈，在敌人强大攻势下，俄国士兵表现出了惊天动地的英雄气概。士兵们誓与棱堡共存亡，浴血苦战；妇女们冒着生命危险冲上前线为士兵们送水。俄军整整坚守了一个半月，才奉命撤退；列夫一直战斗到最后，他为自己自豪，更为英勇奋战的俄军自豪。

1855年7月27日，俄军在黑海附近与敌人决战，结果进攻被击退，伤亡惨重。同年9月，英、法、土联军加上这年2月向俄宣战的撒丁王国的军队，终于攻克了塞瓦斯托波尔。

在这段时间里，列夫一边战斗，一边写作。他观察着身边的士兵和军官，揣摩着大家的心理，写下了《塞瓦斯托波尔纪事》，这部作品一发表就受到了如潮的好评，却也引来

了沙皇政府的恐慌。

在《1854年12月的塞瓦斯托波尔》中，作家对战争做了现实主义描写。他没有把它描绘成一幅战旗飘舞、军号嘹亮的美丽图画，而是揭示战争实际存在的景象——流血、痛苦和死亡。他引导读者既去注视人们的丰功伟绩，又去关注人们的日常活动。他在作品中写道："在这张晒得黝黑、颧（quán）骨突出的脸上的每一条皱纹里，在每一块肌肉中，在宽宽的肩膀上，在穿着大靴子的厚实的脚上，都显示出构成俄罗斯人力量的主要特点——淳朴和倔犟。"

在《1855年8月的塞瓦斯托波尔》中，作家展示了塞瓦斯托波尔保卫战的惨痛结局。不论俄国士兵怎样英勇顽强地战斗，也不论他们如何壮烈地献出生命，他们都无法制止俄国军队的溃退，塞瓦斯托波尔最终陷落了。作品把士兵们的英勇顽强与贵族社会的丑恶、军队将领的腐败对照起来写，大大加强了作品的思想意义。

沙皇政府对此很不满意，派宪兵监视他。作品送审时受到了书刊检查机关的刁难，许多地方被删改了。这篇小说于1856年1月初发表在《现代人》杂志1月号上，第一次署名为"列·托尔斯泰伯爵"，在杂志的目录上，编辑还特地注明作者早期中篇小说的署名是"列·尼"。

屠格涅夫读这些故事时激动得热泪盈眶。

巴纳耶夫写信告诉列夫说："全俄国都在读这些故事。"

作家皮谢姆斯基在给奥斯特洛夫斯基的信里说："小说写得如此无情的真实，叫人读起来都觉得难过。"

皇后读其中一篇《十二月的塞瓦斯托波尔》时，感动得流下泪来。皇帝亚历山大二世读后，让人将其译成法文，并下令："要保护这个年轻人的生命。"

这场战斗之后，列夫也思考了许多自己未来生活的问题。他决定放弃军旅职业，完全献身文学。他在一则日记中写道："文学之于我毕竟应当是唯一的、主要的、压倒一切其他爱好和事业的东西。"他为自己制定新的准则，提出新的要求，要做一个积极、审慎、谦虚的人。当列夫决定献身文学时，他正好得到了去彼得堡的机会。宛如一条鱼儿游向大海，那里向他展现的是一片明媚的天空。

军队撤退后，托尔斯泰奉命校对炮兵司令的作战报告，这让他看到了种种丑恶的军事谎言，10月底他以信史的身份被派到彼得堡，结束了戎马生涯。

✳ 彼得堡上空的鹰 ✳

1855年1月，27岁的列夫来到了彼得堡，这次他住在屠格涅夫家，这全是由于他妹妹和屠格涅夫的交情，同样在这里他们经历一段曲折、伟大的友谊。

屠格涅夫比列夫大10岁，已是著名作家。他和列夫通过几封信，彼此仰慕，因此一见如故，十分亲热。"我们是第一次见面，可你和我妹妹玛丽亚已经是朋友。她说，你曾经向她推荐过我写的《童年》。"列夫笑着说。

屠格涅夫这样形容列夫："你想象不到，这是一个多么

可爱和出色的人——尽管有着野蛮的激情和水牛般的倔犟性格，我给他取了一个绰号——野蛮人。我怀着一种奇异，犹如慈父般的热情，爱上了这个人。"

托尔斯泰来到这里，必然受到大家的热捧，他又开始频频出入社交场合，过着一种散漫的生活，屠格涅夫则极力想把他拉回文学。在屠格涅夫的引荐下，他拜访了涅克拉索夫。

涅克拉索夫的家也是《现代人》杂志编辑部所在地。这位性格温和，才华横溢的诗人主编一见到列夫，就笑呵呵地说："瞧，多么可爱的小伙子！和我想象中的一样！"3个人亲切交谈，并在涅克拉索夫家吃了晚饭，一直谈到晚上8点。

日后，涅克拉索夫在给鲍特金的信中说："列·尼·托来了……一个多么亲切的人，又是多么聪明的人！……他是一位亲切可爱、精力充沛、高尚的青年，是一只鹰……也许是一只鹜。……他不漂亮，但是脸上却流露着愉快的、精力旺盛的表情，同时，性格温和，心地善良，他的目光充满了仁爱，我非常喜欢他。"

此后，在屠格涅夫为列夫举行的欢迎晚会和涅克拉索夫为他举行的欢迎宴会上。列夫结识的作家、诗人有：德鲁日宁、丘特切夫、冈察洛夫、迈科夫、皮谢姆斯基、巴纳耶夫、波隆斯基、杜德什金、克拉耶夫斯基、奥多耶夫斯基、奥加廖夫、安年科夫、鲍特金、费特、热姆丘日尼科夫、克拉耶夫。在上述这些人中，列夫一度与德鲁日宁和安年科夫关系密切。而后来他与诗人费特最要好。

当时，《现代人》杂志编辑部正在对文学和文学的发展方向进行热烈的讨论，常常争论得面红耳赤，使人流出眼泪来。托尔斯泰也参加了讨论，他不同意屠格涅夫和德鲁日宁对莎士比亚及荷马的盲目崇拜，非常倔犟地坚持自己对这些作家和文学的看法。他觉得，彼得堡的文学家们自诩（xǔ）人民的导师，其实，作家的任务与其说应当教育人民，不如说应当热爱和帮助人民。由于托尔斯泰的耿直和倔犟，屠格涅夫称他为"野蛮人"或"暴躁的野蛮人"。

争吵

就在这年12月27日，列夫由作战部队转入彼得堡信号弹厂。这家军工厂专为海军部门和高加索边疆区生产信号弹。调转之后，列夫的职业很清闲，跟挂名差不多。1856年1月9日，列夫请假到奥廖尔看望病重的三哥德米特。

他看到三哥被病魔折磨得奄奄一息，瘦成了皮包骨，心中非常难过。"他的样子叫人觉得可怕。一只腕骨很大的手粘附在尺骨和桡（ráo）骨上，脸部看上去只有一双眼睛，这双眼睛依旧流露出一种寻根究底的神情。他不断地咳嗽、吐痰，显然他是不想离开家人的。"托尔斯泰在日记中写道。

列夫自知无力回天，又见有人侍候三哥，便在11日离开了。归途中，列夫在莫斯科逗留了4个星期。结识了作家阿克萨科夫父子与女诗人罗斯托普奇娜，列夫向女诗人表达了

结识奥斯特洛夫斯基的愿望，希望女诗人为他介绍。

2月2日，列夫得知三哥德米特去世，他十分悲痛，这件事让他认识到作为贵族，洁身自好有多么重要。

2月14日，奥斯特洛夫斯基从莫斯科来到了彼得堡，涅克拉索夫设午宴欢迎。列夫应邀出席了宴会。次日，在列夫的建议下，屠格涅夫、冈察洛夫、格里戈罗维奇、奥斯特洛夫斯基、德鲁日宁和列夫6人合影留念。

克里米亚战争的失败引发了大规模的农民运动。到了4月份，列夫从贵族亲属处得到消息，说皇上要解放农奴，其他一些先进人士也广泛讨论，他又萌生了解放农奴的想法。在文学界，以《现代人》为核心的作家们发生了一次剧烈的政治分

裂。《现代人》的思想由德鲁日尼、鲍特金为首的自由派分子转向以车尔尼雪夫斯基为首的民主主义派。

民主主义派认为艺术应该密切联系人民的生活并支持他们的理想的文学，为争取未来而与可怕的农奴制现实进行斗争的文学，才能推动社会的发展。他们将托尔斯泰归为了不自觉的自由创作论者。

这个分歧引发了托尔斯泰和屠格涅夫的口角，小说家格里戈洛维奇记录到：屠格涅夫尖叫了又尖叫，用手抓住自己的喉咙，像一只垂死的羚羊那样地微语："我可受不住了！我有气管炎！"他开始在房间里走来走去。

"气管炎是装出来的病，"托尔斯泰在背后吼，"气管炎只值一个铜板！"

格里戈洛维奇想挽救这个尴（gān）尬的场面，他走到沙发跟前，说："托尔斯泰，老朋友，你别这样兴奋！你不知道他多么看重你，多么爱你啊！"

"我不许他与我为难！"托尔斯泰大声叫道，"你看，他这样走来走去，走过来，这是故意的，故意摆他的民主的屁股！"

他在这段期间还向朗吉诺夫发动了挑战，有一次在聚会上又对乔治·桑大发难堪之词……以至于大家说"他把所有的人都惹怒了，从而使自己陷入了十分尴尬的境地。"

他就是这样一个随时都会"爆炸"的人，在他的性格中，总有些不安分的东西。

第三章

成熟 成家 成名

卢塞恩奇遇

托尔斯泰退役之后，有了可以自己支配的时间，为了扩大视野，增长见识，他决定赴西欧旅行。1857年1月29日，托尔斯泰离开莫斯科去华沙。途中走了5天，路上他一直思考着《失落者》的写作问题。

> ◎华沙：是波兰首都，始建于公元13世纪。在波兰语中，华沙为华尔沙娃，传说一对叫华尔西和沙娃的男女恋人，勇敢地抗争国王的阻挠，最后终于结成夫妻。人们对这对青年恋人的勇敢精神十分敬佩，便以他们的名字命名这座城市，后来简称为华沙。

到华沙后，他给在巴黎的屠格涅夫去了封电报，知道屠格涅夫会在这里久住，便很快来到了巴黎。到巴黎当天，他就见到了屠格涅夫和涅克拉索夫。后来，他又结识了屠格涅夫的好友、法国作家梅里美。

托尔斯泰在巴黎住了将近两个月。对巴黎的印象一开始是极好的。他到剧院欣赏莫里哀、博马舍的喜剧，到巴黎大学、法兰西学院听讲演。

他还参观了一些著名博物馆、图书馆和名胜古迹。巴黎圣母院、凡尔赛宫、枫丹白露、拉雪兹神父墓地都留下了他的足迹。而卢浮宫他反复参观了3次。

他甚至还想到巴黎近郊的乡村住上一段时间——但这想法很快便打消了。因为有一件事，破坏了他对巴黎的好印象。这件被他称为愚蠢而冷酷的事，就是乘车去看执行死刑的情景。

罪犯被断头机执行死刑的情景令他感到震惊和反感，他觉得这种刑法太残酷了！

随后他决定离开巴黎，到日内瓦去探望一个亲戚，并在那里逗留一段时间。他的坏心情逐渐好了，便离开日内瓦来到了瑞士。

1857年7月7日美丽的夜晚，他漫步在卢塞恩的街道上，听到动听的音乐传来，他立即被这音乐吸引住了，循声望去，只见他前面不远处正围着一群人。

他走到跟前，看见这里是一座豪华的高级旅馆，有一个穿着黑衣身材矮小的流浪歌手正在旅馆门前演唱。听这歌手唱歌的除了围着的人群，还有旅馆阳台上的房客。这些房客衣冠楚楚，看上去都是有身份、有地位的人物。

歌手唱得相当卖力，一只脚向前伸出，头朝后仰，一面弹奏吉他，一面用各种不同的声调唱那优美动听的歌曲。托尔斯泰很感谢歌手，歌声为他心里带来了轻松愉快的感觉。他相信所有的人都为这歌声陶醉了。

歌手唱了一曲又一曲，终于唱完了。他于是摘下帽子，走到听众面前，希望得到一些施舍。可是没人愿意给他一分钱。有人显出鄙夷的神情，有人转身而去；阳台上那些尊贵的看客们居然嘲讽地哈哈大笑起来。

面对此情此景，托尔斯泰心里难受极了。他觉得，人们对可怜的歌手的侮辱就是对他的侮辱。歌手一脸凄苦，眼里闪着委屈的泪光，慢慢地戴上帽子，低着头离开了旅馆门前。

托尔斯泰追上这位歌手，请他一起吃饭，这位歌手答应了。托尔斯泰便领着歌手要进旅馆，去那个豪华的大餐厅用餐，可是在门口他们被把门的侍者拦住了。侍者说这是高级旅馆，不允许流浪歌手进入。

托尔斯泰终于忍不住了，气愤地说：“难道这里不是人人平等吗！真是怪事！那么多有身份的人居然白听一个穷苦人为他们唱歌解闷，竟然还对他嘲笑，多么煞风景啊！你们觉得自己很高贵吗？我却感到你们是这样的肮脏！”骂完，他拉着歌手闯进大门，到大餐厅要了一桌好菜好酒。见那些看似尊贵的客人纷纷避开，托尔斯泰露出轻蔑的微笑。

离开瑞士之后，托尔斯泰去了德国巴登，随后又到了德累斯顿。

他在那里参观了著名的德累斯顿博物馆，欣赏了西斯廷的圣母像。然后他决定回国。这次西欧游历归来的时间是同年8月8日。

艰难的独行

出国回来，托尔斯泰在彼得堡逗留了几个星期。返回雅斯纳雅之后，他就一门心思创作起《卢塞恩》来，《卢塞恩》写的就是他游历时，在卢塞恩的那次"奇遇"。

《卢塞恩》发表后，反响非常冷淡，甚至遭到一些作家的攻击，他很失望地在信中写道："我已经名誉扫地了，或者还是在勉强维持。"这段时间他也没有停止写作，发表了《阿尔伯特》，这同样讲述的是一个音乐家的故事。

1856年3月，亚历山大二世向莫斯科的贵族发表演说时说，农奴解放总有一天要实行，"与其从下而上，不如从上而下"，决定要改革农奴制度，贵族中的优秀分子开始采取措施解放自己领地上的农奴。

托尔斯泰早就有了解放农奴的意愿，还是1855年8月在克里木的时候，当时他正在构思《一个俄国地主的故事》，他在日记里写道，这部小说的主题思想应当是当代一个受过教育的地主的正常生活，"不能同奴隶制并存"。皇帝的演说又重新使他思考这个问题。他在日记里写道："我要带一个制定好的草案到农村去。"

然而事实证明，解放农奴并不是一件轻而易举的事。6月初，托尔斯泰回到了雅斯纳雅·波良纳，当天他就召集农民们开会，宣布解放农民的计划，向农民们提出把徭役制改为代役租。为了减轻农民缴纳地租的负担，托尔斯泰把地租的数目规定为相当于邻近农民向其他地主缴纳地租的二分之

一，他还一再向农民们说明这种措施的好处。

然而，农民又是怎样一番反应呢？农民们对他的这些措施无动于衷，不相信他，他们甚至怀疑老爷在欺骗他们，即使采取了某些让步，也是为了更多地榨取他们的血汗。这样，托尔斯泰第2次接近农民的计划，又告吹了。

这次解放农民的失败，使托尔斯泰很自然地想起40年代自己在庄园里改善农民生活状态的尝试，认识到农民和地主阶级的对立是不可能调和的。

写作的空闲，他仍然经常出去打猎。这期间他对猎熊感兴趣了，这年（1857年）冬天的一天，他挎枪带狗，在野外踏雪寻找熊的踪迹。

转悠了有一个多小时，他终于在一片树林旁发现了一只大黑熊。他正要躲到树后向熊开枪，黑熊听到了狗叫，受惊似的向他扑奔过来。"砰！砰！"他举枪向黑熊射击。

由于黑熊处在扑奔之中，没有被击中要害。他被黑熊扑倒在雪地上，他拼力地想推开黑熊，却被黑熊一口咬在额头上……幸好一个职业猎户闻声赶到，用手中的铁棒向熊的脑袋猛击几下，把熊打死了。后来这个黑熊就被托尔斯泰做成了标本摆在家里。

托尔斯泰为了答谢这个猎人，就叫他来家里吃饭，其实他更渴望知道农奴们的真实心理。尽管两次解放农奴失败，可他仍没放弃努力。出国回来，他更加感到俄国农奴制的落后，他认为农奴制是农民的灾难，对国家也没好处。于是，他在解放农奴方案无法实施的情况下，尽自己所能改善农奴的处境。

他在庄园里植树造林，并扩大牧场，加宽菜园，还买了许多马。他把牧场和森林看做是主要收入，以此来减轻农奴的负担。

他和农奴之间一直还是处于彼此不了解的状态，通过这天与猎户的交谈，托尔斯泰了解到，农奴们根本就不信任他，怕受骗。在农奴们固有的观念中，地主是不会让他们占便宜的，老爷们更不会干对自己没好处的事。

他意识到正是农奴的愚昧导致了农奴制改革的屡次失败，要想取得成功，必须要给农奴受教育的机会。兴办学校，发展教育事业，培养新一代有文化、高素质的农民——这在以前他也尝试过，这次他能获得成功吗？

✳ 开办子弟学校 ✳

在参观德国学校时，托尔斯泰头脑里产生了要为农民开办子弟学校的想法。他在日记中写道："主要的，我头脑里强烈地、明确地想的是在乡间为周围邻近地方的儿童开办一所学校以及做一系列类似的事情。"1857年8月，托尔斯泰回到了俄国。他一回到俄国，出现在他面前的仍然是黑暗、紊（wěn）乱、贫穷的景象。他在彼得堡仅仅逗留了一星期，便匆匆回到了雅斯纳雅·波良纳，开始为办学校做起准备。

托尔斯泰要为农奴的孩子创办学校，他要通过教育去除民众的愚昧无知。不过，他自己还说：这所学校等于是他逃

避一切惊恐、疑虑和生活中各种诱惑的一所修道院。

1858年夏天，托尔斯泰已经做好了办学的一切准备：

他要在自已学习音乐和读书的那座厢房二楼里办学校，那里有两间教室，一个办公室和两个供教师下课后休息用的房间。学校的课程

◎修道院：既可以是天主教、东正教等教徒出家修道的机构。相当于佛教的寺庙与道教的道观。也可以是天主教培训神父的机构。类似于"神学院"。

有：读书、书法、语法、创世纪、数学、绘画、制图、唱歌、俄国历史故事、自然科学漫谈。

他还为学生在院子里准备了单杠、双杠等体育运动的器材。在屋檐下挂了一口小钟，小钟上挂着个小锤。

托尔斯泰要开办一所免费的学校，这个消息在村子里炸开了锅，竟然也引起了全村人的恐慌。

"这是为什么啊？是不是设的骗局？教书不收费——花招倒不少！"人们议论纷纷，甚至有的人说："教会了孩子们识字，以后把孩子们送去当兵打土耳其人——这样，老爷就可以博得皇上的赏赐了。"

托尔斯泰真是哭笑不得，气得差点要骂人。一晃儿到了秋天，托尔斯泰暂时放下办学的事情，又开始创作了。这年他写了两部短篇小说：《三死》、《阿尔伯特》。也可能心思总在办学上，这两篇短篇小说写得并不十分好，连他自己也不满意。

1859年，托尔斯泰只写了一部中篇小说：《家庭幸福》。同年10月9日，他给德鲁日宁的信中说："到如今，

我作为一个作家，无论如何都已不中用了。我自从写了《家庭幸福》后，一直没有写作过，看来今后也不会再写了。"也是在这封信里，托尔斯泰表示，他渴望干一番事业。

写作的失利，使得他将所有的精力都转移到了在教育这件事情上，他的真诚打动了农奴们，通过他不懈努力，农奴们的顾虑逐渐打消了，肯送孩子来上学了。学生由少到多，到这年11月正式开学时，已有学生70名。托尔斯泰将他们分为三个班：高级班、中级班、低级班。

这是家长送孩子们来上学的一段情景：

农民的孩子冬天通常待在家里，躺在炉炕上取暖，到院子里去的时候，拿过妈妈、哥哥或者姐姐的鞋子衣裳临时穿一下。如今要上学了，得有衣穿，而许多孩子们家里却一贫如洗。孩子们都打点停当了，莫罗佐夫接着描写上学的准备：身穿洁白的衬衫，脚登新的树皮鞋，头发抹了树脂或者牛油，谁家有啥就抹啥。

基留沙打我们家窗外一闪，匆匆跑进来："瓦西卡在哪儿？"

"我没鞋穿，鞋坏了！"瓦西卡坐在炕上不肯下来。

"我的鞋后跟也磨破了！"基留沙说："可我还是去上学，怎么，老爷难道会瞧咱们的脚丫子吗？只要脑袋瓜没毛病就行了！"

"谢谢上帝！我很快也收拾停当，关心我的姐姐早就把她的树皮鞋和上衣给我预备好了，只是不合身，树皮鞋太大、上衣过长、因为我又矮又瘦，像根擀（gǎn）面杖。我把上衣往上披了披，衣袖卷起一截，头发抹了点克瓦斯，我

家没有油……

孩子们陆续汇集到胡同口，有些孩子有父母亲护送，瓦西卡·莫罗佐夫的继母不喜欢他，送他的是姐姐。"人群挪动了，我同护送我的姐姐走在最后，几分钟后，我们来到一座地主宅第前站定。孩子们唧唧喳喳小声说话，"父母亲叮嘱，伯爵出来的时候要向他鞠躬并且说，祝您健康，大人！我像个小要饭的似的怔怔地站着，我感到自己穿得最坏、最穷、孤苦伶仃、甚至身材也最矮小。我好像觉得：瞧吧！我会被撵出去的，又要挨继母的数落，姐姐又要气哭，……"

伯爵出来了，瓦西卡的恐惧渐渐消失了，他写道："尼古拉耶维奇冲着家长们问道：'孩子都带来了吗？'

'带来了，大人！'家长们鞠躬回答。孩子们的恐惧心理很快就消失了……"

托尔斯泰在和孩子们一起学习的日子里，始终都在观察和思考着，寻找一种更好的教学方式。他认为一个学校的最好的管理在于给学生们学习的充分自由，以及让他们随心所欲的生活，让他们自己去发自内心的意识到学习的必要性。

学生很自由，上课的时候随便坐，有的坐在长凳上，有的坐在窗台上，有的坐在圈椅上，还有的干脆坐在地上。对托尔斯泰这个温和的老爷老师，学生们开始还有点害怕，可接触两天之后，畏惧感就消失了，他们变得无拘无束，随便起来。在他的日记里记载着："这一天按照课程表，一年级是初级读物，二年级是高级读物，三年级是数学。教师走进屋的时候，孩子们躺成一堆，还在大叫：堆得太小了！或者：孩子们，你们把我闷死了！或者：不要扯我的头发！等

等"，这是老师在和学生们玩闹。

托尔斯泰以他的实际行动，赢得了学生们的喜爱，也赢得了农奴们的信赖。学生越来越多，到了1860年3月已经发展到70个。学校的事情越来越多，托尔斯泰忙不过来了。他决定找个助手。

这年6月份，在托尔斯泰第2次出国前，他找到了一个合适人选——图拉神学校的毕业生莫罗佐夫。1860年6月24日，托尔斯泰动身去国外，便由莫罗佐夫全面负责学校的工作了。自此，托尔斯泰办学取得了成功。

✳ 大哥之死 ✳

托尔斯泰这次出国是为了看望他一直深爱着的大哥尼古拉，并顺便考察外国教育。

1860年6月24日，托尔斯泰和妹妹玛丽亚带着孩子离开雅斯纳雅去莫斯科，7月1日到彼得堡，第二天从彼得堡乘船前往波兰的什切青。在什切青没有停留就来到了柏林。

到柏林之后，托尔斯泰连着几天牙痛，另外头痛及痔疮也在折磨他。于是，他只好留在柏林，让妹妹带孩子去索登陪伴治病的大哥尼古拉。

在柏林逗留期间，他参观了一些博物馆，到柏林大学听了一次历史课，一次生物学课，还在柏林手工业者俱乐部听了一次科学知识的演讲。他对演讲会上的"问题箱"很感兴趣。

离开柏林他便来到了莱比锡。在莱比锡他参观了一所学校，他对学校体罚学生，让学生死记硬背的教育方法表示不满。他只逗留一天，便听从医生建议去基青根疗养了。

7月27日到8月26日，他是在基青根度过的。在这期间，他参观学校，接触了一些教育家，并研读了劳默尔的《教育学史》。他还结识了《社会政治学体系》的作者、幼儿园制度的创始者的侄子弗罗贝尔。在一些教育问题上，两人很有共识。

一次在散步时，托尔斯泰说："我想俄国的教育，必须建立在普及教育的基础上。"

弗罗贝尔表示赞同："你说得对，普及教育，也不应该强迫施行。如果它能给人们带来好处，人们会自然而然地要求教育，正像饥饿的人对饮食的要求。"

托尔斯泰高兴地说："我想，我所办的学校正在朝着这个方向发展。当人们认识到教育会给他们带来好处时，我的学校会越办越大。"

托尔斯泰又游览了这一带乡村，还到爱森纳赫，参观了沃尔姆斯会议之后路德受幽禁的

瓦尔特堡。他有个习惯，每到一地，对当地优美独特的风景名胜必须领略一番。

在此期间，他一面惦记着大哥的病情，一面牵挂着家乡的学校。在写给塔吉雅娜姑妈的信里，他让姑妈把学校的教学、教员和学生上课以及农事信息情况写信告诉他。他还在信里说："秋天我一定回家，打算比过去花更多的时间来办学校。所以，我不希望我不在的时候，学校的名声变坏，我希望从各地来的学生越来越多。"

在法国，工人教育的情况使托尔斯泰很感兴趣。他参观了马赛工人学校，了解学校的教学计划，发现这里的城市工人更通文理，能基本正确地书写，具有历史和地理概念，此外也懂得适用于本职工作的数学公式。他们聪明，爱自由，有礼貌。他们是从哪儿得到这种良好的文明教育的呢？托尔斯泰对此疑惑不解。后来，他在街上看到许多博物馆、图书馆、书亭、出版社、报社、杂志社，想到了这些文化教育机关对人民的教育作用，才恍然大悟，"这就是潜移默化的学校。"

托尔斯泰十分欣赏这种教育方法，反对单纯依靠学校用强迫手段培养人才的做法。他认为大学里"从来不能培养出人类所需要的人才，只能产生腐败的社会所需要的官吏、官吏式的教授、官吏式的文学家，还有若干病态的、骄纵的自由主义者。"

8月26日这天，托尔斯泰来到了离基青根有5个小时路程的索登，终于见到了病中的大哥。大哥尼古拉已经瘦得变了相貌，他亲切而慈祥地笑了笑并叮嘱他要注意身体，这让托

尔斯泰更为感动。

9月6日，托尔斯泰和妹妹护送着大哥来到了基厄尔。然而，基厄尔温暖宜人的气候也未能挽救尼古拉的生命，1860年9月20日，尼古拉病逝。

✳ 结识赫尔岑 ✳

托尔斯泰在伦敦遇见了俄国民主主义革命家赫尔岑（cén），两人一见如故。赫尔岑由于进行革命活动遭到了沙皇政府的迫害，流亡国外。他在国外出版了为书刊检查机关所禁止的革命刊物《钟声》，并且印刷了许多革命传单偷偷运回国内宣传革命。托尔斯泰通过赫尔岑的著作了解了其人，并和他建立了书信联系。赫尔岑也是通过作品和书信才了解托尔斯泰的。

托尔斯泰在第一次出国时就想去看望赫尔岑，最终却因为没能去伦敦而泡汤。此次他去了伦敦，在这里见到了正流亡国外的赫尔岑。

托尔斯泰于1861年2月初从巴黎来到伦敦，在这段时间，托尔斯泰从大哥去世的基厄尔出发，相继游历、考察的城市有：马塞、尼斯、佛罗伦萨、里窝耶、那不勒斯、罗马。

这天，他约好去见赫尔岑，他戴上了高筒大礼帽，穿上了帕默斯顿式的时髦长大衣，来到赫尔岑的家，开始并没报上自己的姓名，只说是一个普通来访的俄国人。仆人到楼上

说了，赫尔岑却未露面，他不得不亮出了自己的名片才受到赫尔岑的热情招待。

赫尔岑并没带他去自己的房间，而是去隔壁一间不太高级的餐馆，他在这里把托尔斯泰介绍给几个人，并告诉托尔斯泰说，这几个男人是波兰活动家。

对于初次见面，赫尔岑的活泼、聪明与风趣，给托尔斯泰留下很深印象。同时，他也被赫尔岑那深邃（suì）而闪光的思想吸引住了。他认为赫尔岑是个很有魅力的人。

赫尔岑在写给屠格涅夫的信里说："我跟托尔斯泰已成近交。我们已开始争论了；他固执、爱发怪论，但宽厚，是个好人。连我们5岁的小女儿都喜欢上他了，管他叫'列夫斯泰'。不过，他为什么不思考，对什么问题都像在塞瓦斯托波尔似的靠勇敢猛攻解决？"

托尔斯泰不同意赫尔岑用暴力推翻沙皇统治的政治纲领，但对赫尔岑那种同情穷人，要使穷人得到自由解放的愿望，以及对西方资本主义文明所采取的批判态度发生了好感。他在给赫尔岑的信中写道："我认识了您感到非常高兴。虽然我认为您总是与众不同，走向极端，但我仍然愉快地想到您，您是这样一个好人。"

托尔斯泰在伦敦的一个半月，经常到赫尔岑家里，两人谈论各种有趣的话题。

话题侧重俄国国内情况，有十二月党人的问题，有雅斯纳雅学校的情况，有塞瓦斯托波尔战斗情况，还有音乐、绘画等艺术问题。

托尔斯泰当然阅读了一些《钟声》报纸和《北极星》

丛刊。

离开伦敦之后，托尔斯泰到布鲁塞尔拜访了法国政论家蒲鲁东和波兰革命家、历史学家莱列韦尔。

同年4月初，托尔斯泰离开布鲁塞尔到了安特卫普，然后进入德国，又经法兰克福到爱森纳赫。在爱森纳赫稍事逗留，他便到了魏玛，又转道去德累斯顿，4月下旬到达柏林。托尔斯泰于1861年5月结束了这次出国游历、考察返回俄国，并着手撰（zhuàn）文论述对这次教育考察的印象。

✷ 与屠格涅夫绝交 ✷

回国后，俄罗斯的沙皇已经发布了解放奴隶宣言，但是托尔斯泰对这次改革持否定态度。在进行农奴制改革期间，托尔斯泰被任命为图拉省克拉皮文县的第一区的调解人，执行一些地主和农奴之间的争执。

调解人要解决各种各样的琐碎问题，托尔斯泰在判决中尽量做到公正，但他常常也会更偏向农民的利益。他在给一个亲戚写信时说："调解人的工作很有趣，吸引人，不过糟糕的是，全体贵族咬牙切齿地恨我，从各方面找我的麻烦。地主米哈洛夫斯基四处活动，联系其他贵族。"

1862年5月，在任职近一年之后，帝俄枢密院决定："由于炮兵中尉列夫·托尔斯泰身患疾病，免去其所担任的经枢密院长官批准任命的克拉皮文县调解人之职。"这正合托尔斯泰的意，这样他就可以自由的去干他的"难以割舍的

诗意美妙的事业"——教育。

1861年5月的一天，托尔斯泰接到了屠格涅夫的请柬（jiǎn），邀请他去喝酒，因为屠格涅夫刚完成他心爱的小说《父与子》，正想与托尔斯泰分享一下。

就在5月24日这天来到了屠格涅夫的庄园，两人相见，各自介绍了一下情况。屠格涅夫提议改天一起去看看费特新买的庄园——他们俩以前都没去过。

这天晚上，托尔斯泰住在屠格涅夫家里。吃完丰盛的晚餐，屠格涅夫请托尔斯泰读读他的中篇小说《父与子》的手稿。托尔斯泰由于旅途劳累，加上喝了点酒，却睡着了。等屠格涅夫再次进来，发现托尔斯泰并未读他的小说，而是在睡觉，当然心里很不愉快。

5月26日，他们来到了费特的庄园。开始相处得很愉快，他们吃饭，谈话，喝香槟酒，饭后去村子边的草地上散步。没想到第2天早晨却发生了争吵。

话题是由费特妻子引起的。她知道屠格涅夫很重视对女儿的教育，便问他对他家的英国家庭女教师是否满意。

屠格涅夫表示非常满意，并对家庭女教师大加赞扬，说："她建议我给我女儿一笔钱，用于慈善事业。另外，她让我女儿把穷人的破衣裳收来，亲手缝补好，再送还原主。"

"您认为那么做就是行善了？"托尔斯泰突然插嘴问了一句。

屠格涅夫不假思索地回答："当然。这样会更让我女儿同情那些穷苦人！"

托尔斯泰冷笑一下，说："你不觉得，一个打扮得漂亮高贵的姑娘，却去缝补又脏又破的衣服，很像虚伪的表演吗？"

屠格涅夫立即被托尔斯泰的话激怒了，挺身站起，对托尔斯泰说："如果您要这么说的话，我就捶扁你的头！"

托尔斯泰不示弱地反问："你想阻止我说明我的观点？你做得到吗？"

屠格涅夫已气得脸色煞白，指着托尔斯泰吼了一声："我真想给你一个耳光！"屠格涅夫双手抱头，激愤地大步走进另外一个房间里去了。

费特夫妇被两个人突如其来的争吵弄得目瞪口呆，手足无措。

托尔斯泰起身要告辞离去，这时屠格涅夫又返回来，对费特夫妇说："看在上帝的份儿上，请千万原谅我刚才的失态，我对此深感懊悔！"说完，并不看托尔斯泰，转身先走了。

托尔斯泰随后去了费特妹夫的庄园。在那里给屠格涅夫写了封短信，要求屠格涅夫必须向他道歉。没想到屠格涅夫的信却送错了地方。没接到屠格涅夫的道歉信，托尔斯泰更加恼怒，第2封写给屠格涅夫的信里提出了要与对方决斗。

很快，屠格涅夫第2封信和第1封送错的信都送到了托尔斯泰手里。看完信，他在第3封给屠格涅夫的信里没再提决斗的事，却表示："你怕我，我蔑视你。今后不跟你打任何交道！"后来有人评价说，他们两个人绝交，是以前就不断磕磕碰碰的必然结果。

爱情与婚姻

托尔斯泰到34岁才找到自己的真爱，在这之前他有过几段短暂的爱情。

1856年6月中旬一直到11月中旬，他与瓦列利亚恋爱了，那个时候他还不知道这是不是真正的爱情，在对瓦列利亚纠结的、不能确定的爱情中，有人突然告诉托尔斯泰说："瓦列利亚爱上了一个法国音乐教师——莫尔季耶。"这段爱情就此结束。

后来托尔斯泰还曾爱上过一个乡下姑娘。直到认识了别尔斯的二女儿索菲娅，他才找到自己爱情的归宿，他们之间还有一段小插曲呢。

爱情能让一个女人更美丽。别尔斯夫人已经看出大女儿丽莎准是恋爱了。"丽莎，告诉妈妈，你是不是恋爱了？"这一天，母亲这样问女儿。

"是的，妈妈。"丽莎带着几分羞涩地回答，脸儿也微红了。

"是托尔斯泰伯爵吗？"母亲说出了心中的猜测。因为这段时间托尔斯泰伯爵是她们家的常客。

"是的。我想，伯爵也喜欢我。"丽莎嘴边绽放了一抹甜蜜的微笑。但是遗憾的是这是一个错误，托尔斯泰喜欢的恰恰是丽莎的妹妹——索菲娅。也许托尔斯泰平时对丽莎的行为比较亲密，于是让这位纯洁的姑娘产生了错觉。

别尔斯夫人有3个女儿：丽莎、索菲娅、丹尼娅。她丈

夫别尔斯是宫廷医生，一家住在离莫斯科12俄里的别墅里。
别尔斯夫人是托尔斯泰童年的玩伴，也是玛丽亚的朋友。
她的3个女儿像三朵鲜花一样，大女儿和二女儿已到了出嫁

的年龄了。

丽莎在姐妹中学识最渊博，喜爱哲学，擅长诗文。索菲娅最漂亮，丹尼娅最活泼。

1862年8月初，别尔斯夫人准备带着3个女儿和小儿子到外祖父家去，顺路刚好路过雅斯纳雅·波良纳，就拜访了她童年的好友，托尔斯泰的妹妹玛丽亚。别尔斯一家受到了托尔斯泰及家人的热烈欢迎和款待。

托尔斯泰特意举办了野餐会招待他们，还邀请来图拉中学一些教师和家属凑热闹。别尔斯三姐妹玩得很开心。两天后，别尔斯一家离开雅斯纳雅去伊维齐——别尔斯夫人父亲的庄园，离雅斯纳雅50俄里。

托尔斯泰也随行跟来了。没人不欢迎他随行——他们都认为他喜欢丽莎，这是一家人心照不宣的秘密。来到伊维齐庄园的这天傍晚，托尔斯泰与索菲娅留在玩牌的房间里。托尔斯泰提议让索菲娅根据他写的每个词的第一个字母读出一句话来。索菲娅读出的话是："在您面前，我深感已入老境，不能再获幸福；只是在您面前。"就为这句话，这天晚上索菲娅失眠了。

第二天托尔斯泰就回家去了。等别尔斯一家返回时，又路过雅斯纳雅，托尔斯泰又跟随他们一同来到了莫斯科。托尔斯泰这次到莫斯科租了一套小住宅，也经常到别尔斯家来做客，这让索菲娅的心好似乱撞的小兔。

到了这年（1862年）8月28日，索菲娅终于彻底明白了托尔斯泰对她的爱意。这天，托尔斯泰和她单独在一起时，用上次相同的方法，让索菲娅读出了这样一句话："您家里

对我和令姐的关系看法是不正确的，请你和丹尼娅为我辩白。"她读出这句话之后，也随之读懂了托尔斯泰那目光中的爱意。她感到一阵幸福的晕眩。这时候可怜的丽莎仍蒙在鼓里。

在向索菲娅示爱之后，托尔斯泰立即陷入了矛盾的漩涡里。一方面他想追求到索菲娅；另一方面又因自己年龄大、长相不好而自惭形秽，想放弃继续追求。经过反反复复地思考和折磨，托尔斯泰在9月13日深夜给索菲娅写了一封求婚信。并在日记里鼓励自己天亮就一定去送给索菲娅。

在信的结尾，他这样写道：作为一个诚实人，告诉我，您愿意做我的妻子吗？如果您真心愿意，可以勇敢地说愿意；如果您还有丝毫犹豫，那就最好说不。我害怕听到不，可是我预想到了。我会在自己身上找到力量加以忍受。可是假如我作为丈夫不能得到像我爱妻子那样的爱情，那是很可怕的。

这封信14日没交出去，15日也没交出去，到16日，托尔斯泰告诉自己：若再没勇气交出，就放弃求婚。

这天傍晚，托尔斯泰来到别尔斯家。他特别紧张的神情引起了丹尼娅的猜测和不安。丹尼娅预感到今晚家里会有大事发生。托尔斯泰仍然紧张，钢琴没弹完，就站起来踱步，又要求索菲娅和他弹二重奏。

弹琴的时候，也许托尔斯泰的紧张情绪影响了索菲娅，她也不自然了。当丹尼娅想离去时，索菲娅却叫住她，让妹妹唱歌，丹尼娅就唱起来，由索菲娅伴奏。

索菲娅由于紧张终于弹不下去了。托尔斯泰飞快地接替

了索菲娅。他一边弹琴，一边想：如果丹尼娅把后面这个高音符唱得好，我就把信交给她；否则，我就立即离开。丹尼娅哪想到二姐婚姻的命运已掌握在自己手里！她终于把那个高音符唱得坚定、圆满。

"你今天唱得真好！"托尔斯泰用激动的声音对丹尼娅说。丹尼娅的完美歌声拯救了他，趁旁人不注意的时候，他把信塞到了索菲娅的手中。

索菲娅一口气跑回三姐妹共住的房间，急忙气喘吁吁地开始读信。

"您愿意做我的妻子吗？"她的心一阵狂跳，激动得读不下去了。

就在这时，丽莎一头闯进来，问道："伯爵给你都写了什么？！"

"他……向我求婚了……"索菲娅吞吞吐吐地说。

丽莎哭喊出声："你要拒绝！马上拒绝！"

这时别尔斯夫人进来了，听说这个消息后一边往门外推女儿，一边说："快去对他答复！"

索菲娅便又跑回钢琴室，见托尔斯泰还直挺挺地站在那儿。还未等索菲娅开口，托尔斯泰便一步跨到她面前，急切地问道："怎么样？"

索菲娅看了他一眼，又低下头，说："当然，我……愿意。"

9月23日，两人在克里姆林宫的教堂举行婚礼：新郎34岁，新娘18岁。就从这一天起，索菲娅接替塔吉雅娜姑妈成为美丽庄园的美丽女主人。

第四章

伟大作品的诞生

❋ 幸福的新婚 ❋

生活就像是一场西西弗斯的永无止境的劳役，他们是深爱着的，在爱情的巨石的不断翻滚中他们有过对彼此的伤害、道歉和鼓足勇气坚持到底。只因为爱的深刻，将他们滚入了彼此之间互相猜疑甚至丧失理智的程度，但是这些仅是生活中的插曲，他们爱情的主旋

◎西西弗斯：希腊神话中的人物，被宙斯判决推运一块巨石至山顶。由于巨石本身的重量，到了山顶总要滚下山脚，于是西西弗斯又得把石块推上山去，如此反复，永无止境，永远也没有尽头。

律是和谐的、美妙的。这是对托尔斯泰的婚后生活的真实而又深刻的写照。

结婚之后，女主人索菲娅为庄园带来了生气。她用盆栽的山茶花和木犀（xī）草等鲜花装点住所。在屋前的草坪上培植了番红花、风信子、玫瑰花和茉莉花。在花园里用沙土重新铺了小径，修剪了洋槐，又栽了丁香和金银花。

庄园的所有经济账目都移交给索菲娅，所有的库房钥匙也都交给了她。

托尔斯泰获得了精神上的宁静，他感到了难以置信的幸福。在给费特的信中，他这样写道："我是在家里给你写信的，我正写的时候，便听到了她的声音……我爱她胜于尘世间的一切。我活到34岁了，还不知道恋爱是如此快乐的，等我心境更恬静点，我就给你写封长信吧……现在，我还有一点感觉，好像正是偷来了不应该为我所有的、非法的、不属

于我的幸福似的。看，她来了！我听到她的声音了，就是这样完美！"

然而冲突也是存在而且不可避免的。

村里的妇女常常要到伯爵家来擦洗地板，阿克西尼亚是其中之一，这个女孩是伯爵曾经爱恋过的女孩，这引起了索菲娅的醋意，她在日记中写道："我想有朝一日我将因妒忌而杀死我自己。"

因为，在娶妻当天托尔斯泰想到自己曾经有过的堕落的日子，觉得非常对不起纯洁的妻子，就将自己所有的日记都拿给她看了，这一看妻子心里真是有点崩溃，这个她心目中道德的榜样，竟然做过这些事情，她哭得跟个泪人儿似的。当然，托尔斯泰心中也隐隐燃烧着妒火，索菲娅是这么的年轻，又这么漂亮，只要她跟别的男子交谈，他就会醋意大发，这时的妻子只不过是个18岁的孩子。

但是他们之间的感情在磨合中渐渐坚固起来。

1863年2月，中篇小说《哥萨克》发表了；3月，中篇小说《波利库什卡》发表。

《哥萨克》在国内外都赢得好评；屠格涅夫称之为"这是令人惊叹、有着巨大力量的作品"；法国作家罗曼·罗兰赞誉它是"不可企及的、最出色的抒情作品"。这两部小说的巨大成功，让托尔斯泰很受鼓舞；加之妻子索菲娅的鼓励，托尔斯泰决定抛开一切，全身心投入到文学创作上来。

1863年6月28日，长子谢辽沙出生了，更为美满的家庭增添快乐。儿子的出世让托尔斯泰喜悦万分。他非常喜欢孩子。当儿子患病时，他会彻夜守在小床边。在结婚后的

26年中，他们共生了13个孩子，前11年生了8个，后15年生了5个。

1863年秋，他在给一个亲戚的信中说："我已经是个有妻室并且做了父亲的人。我对自己的境况十分满意，而且我对这种境况已经十分习惯。这种境况为我提供了施展才能的广阔天地。我从来也没有感觉到自己的智力，甚至整个精神力量，能这样任意驰骋，这样有利于工作。"

就在这种精神状态下，托尔斯泰开始了《战争与和平》的创作。在创作间隙，他仍然去打猎。打猎是他最好的休闲方式。但是，就在1864年10月的一天，他外出打猎时却遭遇了危险。

这天，他骑马带着猎狗正在野外转悠。忽见一只野兔出现，他一边策马追上前去，一边发出哨声，指挥猎狗追击。正往前跃马疾追，没想到在一个狭窄的沟边，马突然失蹄跌倒，把托尔斯泰抛下马背。马跑掉了，他却昏倒在沟边。

他苏醒后，忍着右臂剧痛，挣扎着走了半里多路才来到一条公路上。这时他连坐起来的力气也没有了，只好躺在那里，希望被人发现能救他。

托尔斯泰没有按时回家，引起了索菲娅的担忧，她非常焦急，这时忽然来了一个青年，说托尔斯泰在他家里，受了点伤，不过已经没事了。索菲娅立即带仆人来到这位青年的家里，才知道这家主人是个挺出名的接骨医生。得知托尔斯泰脱位折断的右臂已被接好，她才略微放心。

6个星期过去，托尔斯泰的胳膊还是没有恢复，索菲娅

知道一定是胳臂没有接好，决定找自己的父亲帮忙。后来，是别尔斯医生出面请来两个接骨专家重施手术，才让他的臂伤彻底好转。

✳《战争与和平》✳

1863年下半年，托尔斯泰就开始了巨著《战争与和平》的准备工作。至此，历时6年，托尔斯泰终于完成了这部鸿篇巨著。

托尔斯泰累坏了！他对妻子索菲娅说："你认为写作是无代价的吗？不，每个工作日都得把一块肉浸在墨水里。"

写作期间，托尔斯泰在给费特的信里说："我被迫在一块土地上播种，眼下正在为深耕作准备。你想象不出这项准备工作有多么艰难。我要写的这部书篇幅浩繁，人物众多，要把书中人物可能遇到的事情都加以通盘考虑，反复斟酌（zhuó）；把可能发生的成百万个排列组合周密考虑，从中选出百万分之一，真是困难极了，我就是在忙着这件事。"

早在1856年，沙皇政府允许十二月党人从流放地返回时，托尔斯泰就想写一部关于十二月党人的小说。

托尔斯泰最初是想从1825年开始写起，但在酝酿的过程中，却意识到：十二月党人的起义是有着深刻的社会历史根源的，与1812年的卫国战争的胜利所引起的民族意识的高涨与社会的觉醒都分不开。如此一来，他就又决定从这个时间

段写起。那一年，拿破仑大举入侵俄国，在俄国人民的奋勇抗击下，拿破仑仓皇逃走。这一次，托尔斯泰决定将作品中的年代推移到更早的时期——1805年，在那一年里俄奥联军在一次战役中被拿破仑法军第一次击败。

确定好背景时间后，在这部小说中，他描绘了一幅19世纪初期俄国社会广阔而生动的图画，既写了1805年、1807年和1812年的战争，也反映了"和平"时期俄国社会的生活。

小说中的历史人物和虚构的"非历史"人物共559人之多。上至沙皇及其大臣、总司令部；下至普通士兵、游击队员，众多的将军、贵族、官吏、商人、农民，都刻画得栩栩如生。

酝酿创作《战争与和平》的过程中，托尔斯泰研究了大量的有关1812年卫国战争的历史资料，据今所知，他所收集的有关1812年前后事件的各种书籍、报刊达74种以上，其中除了相当数量的官方正统历史著作以外，大多数是当时各种大小人物的传记、回忆录、书信、手稿等所谓的"稗（bài）官野史"。

他甚至在《莫斯科消息报》上刊登了一则广告："愿以2000卢布之高价收购全套《莫斯科消息报》及其附刊。"

他为了弄清当时莫斯科总督罗斯托普钦折磨威列夏金的事件，前往疯人院请教一位曾目睹事件发生经过的老人。他乘驿前往鲍罗金诺战役遗址，了解当年俄、法军队设防的位置。

通过实地调查，与参加过卫国战争的老战士、老农民谈心，查阅档案史料，托尔斯泰从而得出了与官方历史著作完

全相反的结论。他证实说，沙皇周围的任何一个将领，甚至亚历山大一世本人，都不是俄罗斯的救星，人民才是1812年的英雄，才是战胜敌人的主要力量。战争的胜败不是决定于帝王将帅，而是"决定于军队中喊'败了'或者喊'乌啦'的人"。卫国战争之所以能取得胜利，主要是因为这是"人民的战争"、"民族的战争"。所以，这部作品是描写人民的英雄史诗。

托尔斯泰相信"天才即耐心"这句名言，在写这部小说时表现尤为突出。

《战争与和平》的开头部分共有15种草稿，这是他一再改写的结果。他的写作态度历来严肃认真，一丝不苟。在写作过程中，反复修改，有的章节甚至重写。

有一次，一位代表他同印刷厂打交道的朋友急了，说："上帝知道您在干什么！这样改来改去，我们永远也改不完，印不出来！我想，您的大多数涂改都是毫无必要的！我已吩咐印刷厂把您的涂改计数算钱。"

托尔斯泰笑了，说："我不怕印刷厂算钱，但愿他们不会很苛刻。不像现在这样修改，我办不到。而且我坚信：涂改大有好处。正如你喜欢的地方，如果不经过五六遍的修改，那就要坏得多。"

在这不断的开始、放弃又开始，肯定、否定又肯定的过程中，浸透了托尔斯泰的苦恼和焦虑，即使在打牌的时候，他也会高喊："要是这局牌阵打赢了，就得改变开头部分。"

1644年11月，他写信给费特说：我很重视您的意见，但

是正如我跟您说的那样，我投入了那么多劳动、时间和如痴如狂的创作激情。我那么爱自己的这部作品，尤其爱我现在写的后边的关于1812年的那部分。因此我不怕批评，即使我所敬重的人的批评，我也不怕。我愿意听取批评。相反，他却不愿接受赞扬。有一次，他写信给斯特拉霍夫说：您那么赞扬我真多余。

第一，我将在您面前装腔作势，不自然，力求保持我在您心目中的样子。

第二，赞扬对我有害（我太愿意相信这些赞扬的公正性了），我费了很大力气才根绝了我的书的成功所造成的坏毛病。

1864年底，《战争与和平》的第一部《一八零五年》终于完成，托尔斯泰已与《俄罗斯导报》的负责人卡特科夫商定，将在1865年第一期上发表。评论界褒贬不一，这使得托尔斯泰又陷入了痛苦的创作之中。终于在1869年10月中旬完成了他的伟大作品《战争与和平》。

这是俄国文学史上和世界文学史上的一件大事儿，冈察洛夫曾像报道头条新闻似的把《战争与和平》出版的消息通知屠格涅夫说："他，也就是说，伯爵，已经成为文学界真正的雄狮。"

这部作品以1812年俄罗斯人民抵抗拿破仑侵略的卫国战争为中心，通过对包尔康斯基、罗斯托夫、别祖霍夫和库拉金四大贵族家庭的描写，反映了从1805年俄国在奥斯特里茨战役的溃败，到1825年十二月党人起义前夕这段历史时期的重大历史事件。小说把"战争"与"和平"，即"前

线"与"后方"交织在一起，从而展现了广阔的俄国社会生活画面。

《战争与和平》问世至今，一直被人称为"世界上最伟大的小说"。这部卷帙（zhì）浩繁的巨著以史诗般广阔与雄浑的气势，生动地描写了"近千个人物，无数的场景，国家和私人生活的一切可能的领域，历史，战争，人间一切惨剧，各种情欲，人生各个阶段，从婴儿降临人间的啼声到气息奄奄的老人的感情最后迸发，人所能感受到的一切欢乐和痛苦，各种可能的内心思绪，从窃取自己同伴钱币的小偷的感觉，到英雄主义的最崇高的冲动和领悟透彻的沉思——在这幅画里都应有尽有。"

屠格涅夫评价说："我们中间从没有人写得这样好，简直可以怀疑到世上会不会有比它再好的作品了。"

鲍特金在给友人写信时说："托尔斯泰的小说真是一个惊人的成功，彼得堡没有人不读它；不仅是读，而且是入了迷。"

列宁也曾发出这样感慨："多么了不起的巨著啊，多么强有力的巨著啊！这才是艺术家呢！"

《战争与和平》的成功，还有一个人功不可没！谁呢？就是托尔斯泰的妻子索菲娅。

《战争与和平》完成之前，他们已经有了四个孩子，但都由索菲娅自己喂奶。虽然在俄国他们那个阶层的妇女中，雇奶妈很平常，她却是个例外。

索菲娅不仅把家务事安排得井井有条，使托尔斯泰安心写作，而且还要照顾孩子。即使这样，她在忙家务的间隙，

还要挤出时间，多半在夜里替托尔斯泰抄稿。她每天都把托尔斯泰写好的字迹潦草的手稿誊写清楚。第二天托尔斯泰进入书房时，誊得整整齐齐的手稿已摆在书桌上了。

这些誊清的稿子往往又会被改得面目全非，于是她就重抄。每页稿子究竟抄了多少遍，自然无法统计；但全书抄了将近7遍，只有极少部分是雇人抄写的。抄写久了，索菲娅竟练出了辨别丈夫字句的特殊本领，再潦草、再难认的字句，她都能准确无误地抄写明白。

她曾经对朋友说："《战争与和平》以及其他作品的抄写工作，给我带来了巨大的美感享受。我毫无畏惧地等待夜间的工作；我欢快地等待工作，意识到他作品的继续进展又将给我带来享受。"

有时，索菲娅为让丈夫轻松一下，两个人便到钢琴室，四手联弹，绵绵情意在指间流淌。

有时，抄写中索菲娅太困了，她也不回卧室，而是小猫似的躺在丈夫脚边那具黑熊标本一旁，枕着黑熊的头打盹。

等托尔斯泰睡意实在无法抗拒时，才蓬散着头发从座位上站起，过来轻轻唤醒妻子，并一同去卧房休息。

✳ 与孩子们在一起 ✳

写完《战争与和平》，托尔斯泰感到很疲倦。他觉得自己的心像是被掏空了，这段时间，他更愿意享受家庭生活，

他的孩子、田产……

这时他们已有四个孩子，小的是正在吃奶的婴孩儿，托尔斯泰喜欢孩子们聚在他周围，他感到快乐。在大人与孩子之间，他更愿意接近孩子，而孩子们也常常到他身边来，他在孩子们眼里，是无所不能的，他能一下子说出孩子想的秘密，让孩子惊呼："啊，这是什么爸爸呀！怎么给他猜到了？"

托尔斯泰常常带孩子们散步，一路上他们不仅和父亲一起领略大自然，一起关心鲜活的昆虫、动物，托尔斯泰常常突然就会说："我们赛跑吧！"然后就一溜烟地跑起来，孩子们追也追不上。

有一次，大女儿有病，托尔斯泰进来，对床上的大女儿说："现在该停止装病了吧？"

说完，托尔斯泰一缩脖子，对女儿说："乖女儿，看什么东西在咬爸爸的脖子呀？"

女儿起身，把小手伸进他衣领，竟意外掏出一个小瓷人。女儿正纳闷儿，托尔斯泰说又有东西咬他手腕了。女儿一掏，袖口里还有一个更大的瓷人。女儿来了兴趣，开始摸掏他全身，又从鞋里和衣兜里不断找出小瓷人来，一数，共计7个。

女儿欣喜地大睁着眼睛问："爸爸，你是怎么变出来的呀？"托尔斯泰虽然很爱孩子们，却并不溺（nì）爱他们。他教育孩子尊重别人，不准孩子呼奴使婢，若需要别人帮助，只能请求。

托尔斯泰很希望孩子们有贵族气派，当然这指的是接受良好的教育，并且尊重普通的劳动者。他不许孩子们说谎或者态度粗暴，孩子们若是犯了错，他最严厉的办法就是冷淡孩子，或说几句带讽刺意味的话。

他要求家中所有成年人都要为孩子做出好榜样，不允许大人有不利于孩子健康成长的行为。他对孩子们说："如果你做一件事情，你就要好好做。如果你不能或者不想好好做，那最好是干脆别做。"他还说："不论发生什么情况，该做的事情就要去做！"后面这句话应该算是他本人的座右铭。

1870年2月4日，他给费特写信说：你信上说你很孤独，我读到这里就想，这家伙好大的福气，竟在享受孤独！我呢？我有一个老婆，三个孩子，一个在吃奶的婴孩，两个老姑母，一个保姆，两个女用人，现在他们一起生了病：寒热、高烧、衰弱、头痛、咳嗽。我收到你的信时，情况就是这样。十个人中间，吃饭的时候，只有我

◎寒热：一种病名，又名寒热症。主要症状是发冷发热，或战栗不欲食。

跟一位老姑妈两个人一起吃。

而从昨天起，我胸口两肋也不舒适了。可我有许多事要告诉你。我读了许多莎士比亚、歌德、普希金、果戈理和莫里哀的作品。

除了孩子，他还要照管田产。他自己看管一切，亲自到田里去干活，他常常要求牛圈、猪圈、羊栏时时干净。他还种了一个大苹果园以及许多树。1870年5月11日，他给费特

的信中写道："亲爱的朋友，我正流着汗，刚拿着锄头干完活儿回来，那时我离开一般的艺术活动，特别是我们的文学事业，正十万八千里呢。"

托尔斯泰正享受着现在的生活，尽管他没有时间搞文学创作，依然乐此不疲。

✳ 平扎省旅行 ✳

1870年的冬天，托尔斯泰决定下苦工夫学习希腊语，这个时候托尔斯泰可是已经42岁了，很多人都不相信他能做好，索菲娅认为："他是无所事事的缘故，这使他在众人面前羞愧了，所以得干点儿什么。"费特则说："要是你有资格领到一张希腊文的毕业文凭，那么我就把自己的皮肤割下来做文凭的羊皮纸。"

托尔斯泰不理会大家的话，因为这个时候他已经对希腊语痴迷了，以至于在梦里都说希腊语，3个月内就迅速掌握了这门语言。

大家都不信他这么快掌握了希腊语，他去莫斯科拜访了希腊语教授列昂捷夫，列昂捷夫更是怀疑他在3个月内就掌握了这种文字，于是他们一起读一本希腊书，有3个地方他们的意见有分歧，经过查证，教授只好承认列夫·托尔斯泰对了。

为了购买一块土地，托尔斯泰一个人去了平扎省。

"前天夜里在阿尔扎马斯过夜时，我发生了一件不寻常

的事情，"他在给妻子的信中写道。"夜里两点钟，我极度疲乏，很想睡觉，但并没有任何病痛，忽然间忧愁、恐惧、惊慌一起向我袭来，而且如此强烈，是我从未经受过的，但愿上帝不要让任何人再经受这种痛苦。"

就是在这个夜里，他第一次感到自己在危机当中，可是这是什么危机呢？十几年后，他在《狂人笔记》中记录这恐怖的一夜。

他写道："我试图躺下来，但是还没有伸开四肢躺倒，一种恐惧又将我拽了起来。这是一种恐惧，一种缘于对呕吐的恐惧，某种东西将我的存在撕成碎片，但是却没有完全将它撕碎。我试着再睡一次，但恐惧在那儿，红色的，白色的，某种东西在我身上撕裂，但还是将我紧紧抓住。"

这次经历让托尔斯泰开始思考：梦魇的、无理性的、令人恐惧的个人世界和自然的、合理的、有序并宁静的共同世界，到底哪个才是世界的真正状态？

生病·思考

托尔斯泰的身体一天天地坏了，不仅经常牙痛，不断干咳，到1871年夏天已经十分虚弱，索菲娅一直认为是学习希腊语期间，托尔斯泰体力透支了。

屠格涅夫在给费特的一封信里表示了极大的关注："你的信又使我伤心了——我指的是你在信中说的托尔斯泰的身体，我真的非常担心，他的两个哥哥都死于肺病。"尽管屠

格涅夫已经与托尔斯泰绝交，但是这伟大的人一直在默默地关注托尔斯泰。

"听说他要去接受马奶酒治疗，我放心多了，因为我相信它的实效。我们的孤儿的文学里，托尔斯泰是唯一的希望。他不能从这地面上消失，更不应该从这地面上消失得那样早，像他的前辈普希金、莱蒙托夫和果戈理他们。"

1871年6月10日，托尔斯泰和内弟带一名男仆一起动身去萨马拉。他们先乘火车，然后换轮船顺伏尔加河到萨马拉。坐火车，托尔斯泰有意挑有农民的三等车，他乐意与农民们交谈。在船上，他也不放弃对周围乘客的观察。

到了萨马拉大草原，真是到了另外一个世界，那千里牧场和万里晴空，让托尔斯泰心旷神怡。在大草原上，所有人的衣着都很随便。不管什么人，甚至太太、小姐都赤脚走路。人们聚在一起，有说有笑，自由自在。好客的萨马拉人豁达的天性，让每一位客人都感到心情舒畅。

托尔斯泰上次来已经认识许多人，这次又结识了一些新朋友。他一边喝马奶酒，一边读希罗多德的书，书中有描写西西亚人喝马奶酒的故事。不管新朋友，还是老朋友，都喜爱和尊敬托尔斯泰。

有一次，托尔斯泰对马群里的一匹马称赞了两句，等他要离去时，那匹马已经拴到他车子上了。托尔斯泰喜欢上了萨马拉的一草一木，也爱上了这里的人们。当他得知萨马拉省祖卢克县有2500俄亩土地要出卖时，他毫不犹豫地决定买下来。秋天的时候，托尔斯泰身体好转，便返回了雅斯纳雅。

他有个习惯，夏天三个月不写作，而是每年9月到第2年的5月这段时间写作。他于9月开始编写《识字课本》。一方面是他本来就热衷于教育；另一方面他为教科书的不完善和阅读材料的缺乏而担忧。他由自己的孩子，想到了所有需要教育的孩子。

为编写《识字课本》，托尔斯泰没少花费心血，总算在这年的年底写完了。

为了检验《识字课本》上面的教学法，1872年1月，托尔斯泰重新在庄园里办起了一所学校。

家人也为托尔斯泰的热情感染，纷纷参加教学工作。他的妻子、孩子，还有内弟都给学生上课。课堂气氛活跃，学生们学得极为认真，效果明显。全体学生用一个星期就学会了字母和拼音。

但《识字课本》要广泛推行，却不是件容易的事。几经挫折，经过删改，改名为《新识字课本》，连同4册《阅读园地》印刷发行。

托尔斯泰在《新识字课本》的后记中只是说明并再次强调了他60年代初期办学的那些基本原则："若要使学生学习成绩好，就必须使他爱好学习，而为了使他爱好学习，就必须：

1.讲授的课程要明白、有趣。

2.学生必须处于最佳精神状态。

……而为了使学生处于最佳精神状态又必须：

a.学习场所没有新的、不熟悉的东西和人。

b.学生在老师或者同学面前不羞怯。

c.至关紧要的，学生不必担心学习不好，就是说因不懂

功 课而受处罚的人的智力只有在不受外界压力时才起作用。

……

《新识字课本》终于成功了，它不仅发行数百万份，畅销全俄国，后来一再重版。数十万俄国儿童用《新识字课本》学习读写。

灾难

这段日子，托尔斯泰突然打算要写一部反应世俗生活的小说《安娜·卡列尼娜》，但是这部小说是如此的"难产"，托尔斯泰在中途常常突然中断写作，不过在这段时间里，的确发生了很多事情。

1872年夏天，托尔斯泰又去了萨马拉，洽（qià）谈建筑庄园和开垦田地的一些事情。在此期间，家中出了一件大事：一头公牛突然发疯，用角顶死了饲养它的人。因这件事，一个狂傲的法官控告了托尔斯泰，不仅让他赔偿损失，还要写出不得离开雅斯纳雅的保证。

这时的萨马拉省已遭受了3年的干旱、歉收，人民受到了饥荒的威胁，他看到无边的草原上一片枯黄，本来应该种植小麦、燕麦的地方，却杂草丛生。

随处可见病死的牲畜。农民们忍饥挨饿，有的不得不四处逃荒，有不少孩子活活地饿死途中，为了挽救这些生命，托尔斯泰展开了援救工作。

起初，他用自己的钱来进行救济，但是对于这巨大的

灾难，他的那点资金如杯水车薪，很快就不能维持了。于是，他写信给《莫斯科新闻》，呼吁大家行动起来，援助受灾群众。

他的信是这样写的："在十分之九的家庭库存粮食不够，农民们该怎么办呢？首先，我们将在粮食中掺入廉价的因而没有营养和有害的谷糠；其次，强壮的农民家庭成员，秋天和冬天将离家外出挣钱，而老人、因生育和喂奶而虚弱不堪的妇女和孩子将在家挨饿。他们将死去……"

媒体的呼吁唤起了人们的爱心。亚利山德林把这件事情报告了皇后，皇后第一个捐了款。1873年到1874年，人们总共为萨马拉省灾区筹得现款188.7万卢布，粮食2.1万普特。1873年秋天，托尔斯泰拖着疲惫不堪的身体返回了家乡雅斯纳雅。很快，他又恢复了《安娜·卡列尼娜》的写作。

✺托尔斯泰与画家✺

托尔斯泰一直很抗拒别人给他画像，即使是照相，他也常常会把底片毁掉。然而在这一年的9月，他却接受了著名画家克拉姆斯科伊的要求，画了两张画像。

如往常一样，这个傍晚他又去散步，他正在构思着小说中的一个情节。夕阳的余晖照在道旁的树上，在返回时，他想去采摘下一片看去有些奇怪的树叶，却忽然发现一双隐在树后的眼睛，他想：正有人在看着自己。

他若无其事地摘下那片树叶，开始往回走。他在那人躲藏的不远处停住了，平静地说："先生，我看见你了，我们能认识一下么？"

就这样，他和克拉姆斯科伊认识了，托尔斯泰得知他这么做是因为他知道托尔斯泰的脾性，不敢请求他坐着给他当模特，于是就在附近乡下租了房子，等候托尔斯泰每天经过时，借机来观察他。

托尔斯泰得知后，急忙说："尊敬的克拉姆斯科伊先生！现在我们是朋友了，我请您到家里共进晚餐！"

后来，在克拉姆斯科伊的反复劝说下，托尔斯泰才答应他画两张画像。索菲娅说："克拉姆斯科伊亲自跑到雅斯纳雅·波良纳来，以私人感情和交流来吸引列夫，他才同意了画肖像"，他自然成为了托尔斯泰肖像的第一位画者。肖像画的十分成功，抓住了托尔斯泰的精神内质，这张画现在还在雅斯纳雅的托尔斯泰故居博物馆里。

托尔斯泰在生活的晚年和诸多画家有交往，他们不仅给托尔斯泰画肖像画，还在他后来兴办的"新媒体出版社"发行的图书画插画。

1882年春天，托尔斯泰家又结识了一位新朋友，就是著

名的画家和科学院院士尼古拉·尼古拉耶维奇·盖尼古拉，这位画家可以算作是托尔斯泰生命中最重要的一个画家。尼古拉·尼古拉耶维奇·盖尼古拉的绘画在巡回美术展览会上展出，他的《最后的晚餐》受到人们的注意，他和托尔斯泰也因为这幅画结缘。

托尔斯泰家的孩子们开玩笑地称呼盖尼古拉为："老爷子"！盖的人缘好，不仅因为他笃（dǔ）信宗教和他的作品的艺术力量，还因为他的善良。他的头顶已经光秃，周围长着一圈茸毛般的细发，他的皮肤像婴儿一样光洁，脸型端正、面颊绯红。这一切像是说："我爱你们大家，希望人人幸福！请你们也爱我吧！"

他为托尔斯泰画了两幅肖像画，第一幅不合托尔斯泰的心意；第二幅因为是全家福，托尔斯泰也没有说什么。

接踵而至的死亡

1873年11月，死神第一次降临在这个新家庭中，他们一岁半的小儿子彼得因咽喉病死去了。索菲娅的痛苦是无以言表的，托尔斯泰在日记中写道："我们遭遇了不幸，我们最年幼的孩子……11年来，我们家第一次死人，我的妻子深深地陷入痛苦中了。要安慰我们自己，我们可以说，如果8口人中可以挑一口，那么这次的损失要算较为轻微的了。可是，心，特别是母亲的心，——大地上显示至高至神奇的心却不懂得理性，所以我的妻子悲痛万分。"

托尔斯泰把丧子的悲痛掩埋在心底，继续他的创作，然而死神却偏偏又降临到了这片乐土上。1874年6月10日，最亲爱的塔吉雅娜·亚历山大罗夫娜姑妈去世了。

如果有谁问托尔斯泰"世界上有一件错事没做的人吗？"他会非常自豪地脱口而出："塔吉雅娜·罗夫娜·叶尔戈利斯卡娅——我的表姑妈、我的母亲！"托尔斯泰常说他有三个母亲：亲生母亲、岳母，而另外一个就是塔吉雅娜姑妈。

自从姑妈病倒之后，托尔斯泰经常陪伴在床边，他曾请莫斯科最好的医生来为姑妈治病，但医生告诉他："这样年纪的老人，得上这样的病，那是上帝一定要她去天堂了。"

这天，姑妈在昏迷中苏醒过来。虚弱的她对托尔斯泰说："孩子，听我的话，我的房间是好的……你会用得着的……我不能死在这里，那样的话，会给你们……留下不好的记忆。求你，我的孩子，还是早点把我搬出去吧。我不想给你们带来长久的悲哀……"泪水再一次噙满托尔斯泰的眼眶。

他含泪点头，他一生都在听从姑妈的话——这恐怕是最后一次了！两天后，姑妈已经生命垂危，她已经不认识任何人，可唯独认识托尔斯泰。托尔斯泰说："她总记得我，微笑着、闪耀着，如同一个人按了电钮，那电灯就亮似的，有时候她试着移动嘴唇轻唤尼古拉的名字；这样在死亡中整个地，不可分离地把我和她爱了一生的他（托尔斯泰的父亲）结合在了一起。"

在托尔斯泰的46年生涯中，一直都是这个母亲陪伴着

他，她还始终深爱着托尔斯泰的父亲尼古拉，却将爱埋藏在心底。托尔斯泰后来在一篇文章中这样评价塔吉雅娜姑妈：人们爱她，非常爱她。老子说贵在"无"。生命就是如此，如果生命中没有一点坏，就是最可贵的，而塔吉雅娜·亚力山大罗夫娜一生中就没有一点坏。

姑妈去世给托尔斯泰的打击是沉重的。他无比悲痛地说："我一生都和她生活在一起。没有她，我感到可怕。"

《安娜·卡列尼娜》

《安娜·卡列尼娜》的创作源自一件发生在身边的一个自杀事件。1872年托尔斯泰家最近的邻居比比科夫家的女人安娜·思婕潘诺夫娜卧轨自杀，其原因是比比科夫看中他们的家庭女教师，安娜一时醋意大发，扑到火车下面卧轨自杀了，托尔斯泰目睹了整个事件。安娜的事情在他的心里留下了巨大的痕迹，他在构思一部以安娜为原型的小说《安娜·卡列尼娜》。

托尔斯泰那是1860年在图拉城的一次舞会上，认识了普希金娜。当时普希金娜28岁，她那使人为之侧目的美貌和超凡脱俗的气韵，给托尔斯泰留下了深刻的印象，她那双灰色的带有淡淡哀愁的，在黑色的修眉和长长的睫毛下的眼睛像一泓秋水，清澈而深沉。托尔斯泰把这个生活中摄来的原型完整地保留在他的记忆里，13年后用她作原型塑造了安娜·卡列尼娜这个光彩照人的艺术形象。

　　绰约高雅的普希金娜变成了安娜的原型，但依然隐约地保留着斯捷潘诺娃的影子，作家让他的主人公袭用了她的名字，并安排了与她相同的归宿。但让托尔斯泰感到抑郁的是，他迟迟不能下笔写出一个好的开头……

　　1873年3月的某一天，谢尔盖缠着母亲要一些可以讲的故事，母亲就给了他普希金的《别尔金小说集》。早晨托尔斯泰偶然翻看这本书，看到了《片断》这首诗的一页，上面这样写的："客人们纷纷来到别墅里。"托尔斯泰说："我能向普希金学到很多东西。"这样一个简单的开头，就把人物投入到了事件的中心，托尔斯泰心想："这就是我要的《安娜·卡列尼娜》的开头。"

　　托尔斯泰设想的长篇小说的最初一句是："客人们在看完歌剧后纷纷来到了年轻的公爵夫人佛拉斯卡亚家里……"后来这句话放到了第二部第六章的开头部分，在最后的定稿中，小说是这样开始的："奥布伦斯基家里，一切都乱了。"有了开头，托尔斯泰的文思如泉涌，进入了疯狂的创作期间，尽管他在给斯特拉霍夫的信中满怀期望地说自己可以在两周内完成创作，但《安娜·卡列尼娜》的创作却经历了漫长的6年的过程。

　　这期间，托尔斯泰一家正不断的遭受死亡的打击，托尔斯泰本人也正处于激烈的蜕（tuì）变时期。

　　《安娜·卡列尼娜》已经不能再拖了，他决定在1875年的《俄罗斯导报》上连载这部小说，他想用这个办法约束自己完成这部小说。到1877年5月，他终于写完了这部书——被他自己称为令他心烦而又可怕的《安娜·卡列尼娜》！他

在这部书上，真是花费了太多心血，被折磨得好苦！

作品的故事情节主要是围绕两个家庭的生活而展开的。一条线索是写贵族青年列文和吉蒂小姐相恋结婚，他们的家庭生活和谐、平静而幸福；另一条线索是写年轻美貌、天真烂漫的贵族小姐安娜，由姑母作主嫁给比她大20岁的卡列宁。卡列宁是个热衷功名利禄、冷酷虚伪的贵族官僚，对自己的妻子冷漠无情。安娜和他生活了8年，没有爱情，也没有幸福。贵族青年渥伦斯基对她的追求，使她沉睡多年的爱情苏醒过来了。她不顾社会舆论的指责，冲破封建道德的重重束缚，大胆地追求个人的幸福爱情，抛弃了自己的家庭和渥伦斯基结合，一起到国外去，到渥伦斯基的庄园里去享受爱情的幸福。但是，这个冷酷无情的社会却要破坏她的幸福，践踏她的纯洁的情感，剥夺了她的儿子，诽谤（bàng）她的名誉。她要离婚，卡列宁不同意，她要爱情，渥伦斯基后来也迷恋功名，对她冷淡疏远。她得不到爱情，痛苦绝望，最后便卧轨自杀了。

早在1870年2月，托尔斯泰就兴致勃勃地对妻子说，他构思好了一个堕落的贵妇人的故事，他要把她写成可怜而无罪的人。这是作家最初关于《安娜·卡列尼娜》的构思。3年之后，作家才开始写这部小说。最初，小说带有浓厚的私生活色彩，题材是"一个不贞的妻子以及由此发生的全部悲剧"，小说的题目拟订为《轻佻的女人》。一开始，托尔斯泰笔走龙蛇地写得十分顺手，一个月左右便写成了初稿。他在给朋友的信中提到了这部小说的创作情况，字里行间洋溢着满心的喜悦："如果上帝赐福给我，再过两个礼拜，我

就会写完它。"可是，写完这部小说不是用了两个礼拜，而是整整5年。

《安娜·卡列尼娜》的初稿与定稿中的创作构思及人物性格描写是大相径庭的。初稿中只有一条情节线索，小说的主人公是斯塔夫罗维奇夫妇和青年军官巴拉绍夫。造成家庭不幸的是达吉雅娜，后又更名为娜娜，她被描绘成一个内心空虚，行为放荡，既不漂亮又不聪明的人。她迷恋于卑鄙的肉欲，轻率地抛弃了斯塔夫罗维奇，嫁给了巴拉绍夫。她一心只追求享乐，对新建立的家庭没有真正的感情。被妻子所抛弃的丈夫——上了年纪的斯塔夫罗维奇被写成一个有高尚灵魂的人，他不但有宽恕达吉雅娜的胸怀，而且还一直希望能为她指出一条得救之路。但是他的规劝毫无作用，内心空虚的达吉雅娜以自杀结束了自己的一生。

后来，他对那部描写"不贞的妻子"的私生活小说就越来越不满意了。他果断地毁弃了已经印好的几个印张，否定了原来的构思，对小说的初稿进行了脱胎换骨的修改。他呕心沥血，历时五载，数易其稿，把一部描写私生活的小说改变成了一部有深刻的社会意义和强烈的批判性、高度的艺术性的小说。

正如那句著名的开场白所显示的一样，作者对现实的思考是以家庭婚姻为基本单位而展开的，至少涉及到了四种婚姻或爱情答案：卡列宁夫妇、安娜和渥伦斯基，奥布浪斯基夫妇，列文与吉提。每一个答案都意味着罪恶和灾难。

《安娜·卡列尼娜》又引起了轰动。而托尔斯泰却把别人寄来的一些赞扬文章，连看都不看就烧掉了。他不愿受到

赞扬的腐蚀。这部小说为他确立了文学大师的地位。

陀思妥耶夫斯基说："《安娜·卡列尼娜》是一部尽善尽美的艺术作品，现代欧洲文学中没有一部同类的东西可以和它相比。"

美国著名作家海明威在给青年作家开的推荐书目中共有14位作家，其中只有两位作家被选中两部作品：这两个作家是莫泊桑与托尔斯泰。前者是两个短篇，而后者是两个长篇——《战争与和平》和《安娜·卡列尼娜》。

就在托尔斯泰为又一部巨著的成功感到欣慰时，他惊闻一个老朋友去世的消息，这个人就是诗人涅克拉索夫。他立即陷入悲痛与思念之中。

第五章

危机与求索

✳信仰与危机✳

在《安娜·卡列尼娜》的创作期间，托尔斯泰构思了另外一部以十二月党人为题材的小说，但他最终还是放弃了。

一方面是因为他感觉到十二月党人和人民之间的鸿沟，他所搜集的材料使他对十二月党人的幻想化为泡沫；另一方面这时的托尔斯泰的世界观发生了激变，与十二月党人是完全背离的，终于在70年代末，他陷入了严重的精神危机。

"我觉得我在毁灭——我活着而实际上却在死去，我爱生而恶死——我如何才能拯救自己？"

"这个世界上的强者在自由、平等、博爱，为民造福这些崇高理想的幌（huǎng）子下，将许多民族推入互相残杀的内战革命和内讧（hòng）！人们丧失理智，颠倒是非，以谎言作真理，视卑劣为高尚，残暴，背叛。"这个期间他的思想发生了剧变，他在思考，不停地思考……但是得不出答案。

"怎样生活？去不去杀人？去不去审判别人？怎样教育自己的孩子？这是人生的全部内容。在这方面，我们这个世界上的一些人俯首贴耳，完全听从另一些人摆布，而另外那些人也同样不知道生活的意义何在，不知道为什么要强迫别人这样而不是那样生活。"

"信仰上帝，离开这种信念他就根本无法生存"——这是托尔斯泰紧紧抓住不放的根本。

但是，托尔斯泰不只是在教堂里探索他苦思不解的问题

的答案，他想知道世界上伟大的思想家、预言家和哲人们所取得的一切成果，于是着手研究他们的著作。

托尔斯泰在帕斯卡的《Pensees》中找到了许多问题的答案，帕斯卡的某些见解同托尔斯泰不谋而合，"我们的长处是思想，"帕斯卡说："我们应在思想领域变得崇高，而不应当在我们无法填充的空间和时间方面去寻求崇高，让我们努力地好好思索吧！这是道德的本源。"

托尔斯泰不断阅读哲学家的作品，狂热地从中寻求他苦思不解的问题，生活的意义，上帝的实质和意义等问题的答案。

"我说不出我是多么感谢那些书籍！"他在1877年12月18日给斯特拉霍夫的信中写道："我在埋头阅读施特劳斯·雷南和蒲鲁东的著作《马科斯米勒》和路易·布赫诺夫的著作。我现在有了似乎还缺一部康德的伦理学《实践理性批判》……"

但是不管从事什么活动，他的思绪老是在生与死的真谛这个主要问题上萦回。这时候的

◎康德：德国哲学家、天文学家、星云说的创立者之一、德国古典哲学的创始人，唯心主义，不可知论者，德国古典美学的奠定者。

托尔斯泰陷入了虚无的困境，他沉迷于叔本华、苏格拉底、所罗门、释迦牟尼的哲学思考中，常常自问："生命的意义何在？为什么存在着的一切要存在？我又为什么存在？"

这些问题的思考使他陷入了虚无主义的顿悟。"世界上的一切，无论智、愚、贫、富、苦、乐全是虚空和无用之物。人一死，一切便都不存在了。因而这是荒唐。"他感到

生活变的毫无意义，甚至开始让他觉得毛骨悚然。

在这之前，他企图走向通往上帝的道路，未果；他就自己写《宗教教义的问答》和《宗教的定义》，想通过教义问答形式把自己的信仰写出来。

因为他探求的活动已经达到了狂热的程度，以致他的好友斯特拉霍夫不得不表示担心和规劝："我在这两个月对您的认识，自然要比过去历次拜访深刻。我对您的情谊越来越深，也越来越为您担忧"。

"我看到您每天感受的东西抵得上别人一年所感受到的，您以比别人多十倍的力量在思考和感受。您在寻求安宁，但寻求不到，阴沉恼人的思想在您身上有时发展得过了头，这是可以理解的。"

托尔斯泰如此紧张地探求，他急于求得解答的是什么问题呢？他自己是这样说的："假如我试图把自己不知道的以及无法知道的问题归纳一下的话，我有以下一些问题得不到答案：

1. 我为什么活着？

2. 我以及一切人存在的原因是什么？

3. 我以及一切人存在的目的是什么？

4. 我在自己身上感觉到的那种善与恶的分离意味着什么？为什么？

5. 我需要怎么生活？死是什么？

这些问题的概括的全面表述是：我如何才能拯救自己？我觉得我在毁灭——我活着而实际上却在死去，我爱生而恶死——我如何才能拯救自己？

后来他又转向在实验科学和思辨科学领域寻找出路，依旧撞得头破血流，他不能在这里得出：生命的意义何在！他一边思考，一边痛苦地寻求能摆脱这种困境的出路。就这样，经过长时期的痛苦思考，他得出了这样的结论：他自己所属的贵族阶级已经不可能拯救和振兴俄国了。因为他看到，那些脑满肠肥的地主和官僚不仅没有实现美好人类的理想，甚至连改变现状的勇气也没有。

他看到，老百姓在饥饿和贫困中绝望地挣扎；他看到两个世界——富人与穷人之间的不可逾越的鸿沟；他也看到了，自己实现美好的理想所面临的危机。

因为他深知，现在要让贵族放弃特权是不可能的，而要农民相信贵族会帮他们摆脱贫困，也同样是不可能。于是，他感到惊恐不安，甚至悲观绝望：究竟以后怎样生活？该怎么办？他有时甚至想自杀，但他又害怕自杀。他停止了带枪打猎，并藏起了书房的一根绳子，免得吊死在书橱之间的横木上。

在转入了虚无主义的思考后，他又开始对从前的生活进行反省。

1878年4月，他开始他的伟大计划——拯救灵魂，他感到了从前生活中的"罪孽"，他希望以后的日子能够按照灵魂的原则做到温顺和谦逊。

在这样的状态下，1878年4月6日，他写信给远在巴黎的屠格涅夫，向已经断绝了17年的友谊伸出和解之手。

与屠格涅夫和好

这是一个夏天中最热的时候，托尔斯泰带着他的全家又去了萨马拉。刚从萨马拉回来，他就接到了屠格涅夫从莫斯科寄来的信，他说8月7日到图拉。

图拉火车站好像是今年夏天最热闹的一天。在热热闹闹的人群里，托尔斯泰在耐心地等待着。他是等待从国外回来的屠格涅夫。

屠格涅夫在信上说，他直接就来看他——是啊，屠格涅夫心里一定像他的心情一样，渴望着早一天相见。

17年了，时间过得多快啊！等待是一种煎熬，他所等的这趟火车因故晚点，到站时间不确定，半个小时后，托尔斯泰谢绝了好心的站长让他去休息一下的邀请，仍然那么近乎虔诚地等候在那里。

托尔斯泰在给屠格涅夫写的和好信中说道：

"最近一个时期，每当我想到我同您的关系时，使我惊奇和高兴的是，我感受到我对您毫无敌意。让上帝保佑，在您身上也是同样的情况吧！说实在话，由于我知道您是那样的善良，我差不多可以确信，在您心中对我的敌意比我的敌意消失得还要早。

如果是这样，那么请让我们彼此伸出手来，并且请您完全彻底地宽恕我在您面前有的一切过错。我自然还记得您的好品德，因为在您同我的关系中它们是这样多。

我记得，我的文学荣誉承请于您，我还记得您对我的作品和我个人是多么地喜爱。也许您对我也有同样的回忆，因为我是曾经真诚地爱

过您啊。如果您能宽恕我，我真诚地向您贡献出我所能表示的那种友谊。在我们这样年纪，唯一的幸福就是人与人之间友爱相处的关系。因此，如果我们之间能建立起这种关系，我将感到非常高兴……"

火车终于喷着白烟，喘着粗气进站了。

托尔斯泰和屠格涅夫一见面，就紧紧拥抱在一起。

屠格涅夫热泪盈眶地说："我是流着泪读完你那封和解信的，惭愧的是，首先写那封信的为什么不是我呢！"

托尔斯泰也含泪说："我那么做是上帝的旨意。"

于是，他把屠格涅夫接回雅斯纳雅庄园。

《忏悔录》

既然托尔斯泰决定拯救自己的灵魂，那么写一本《忏（chàn）悔录》对自己以往生活予以彻底清算，就很有必要了。1880年年初，托尔斯泰开始写《忏悔录》。在这本书中，他第一次公开表示与上层贵族阶级决裂的决心。弃绝了过去的生活，他必须寻求新的生活核心。

这时，宗教书籍引起了他的极大兴趣。在写《忏悔录》的同时，他开始研究东正教教义。他已经什么也不信了，他认为官方教会的那些宣传和实践是一连串的谎言、残忍和欺骗。他还开始研究神学著作，其中包括莫斯科总主教卡里那本流传甚广的著作。

托尔斯泰说："神职人士说，要有信仰，但我必须通过头脑参悟我将要信奉的东西。"他信仰圣父，遵照圣父的意志生活，他知道而且应该执行上帝的意志，可是要信仰三合一的上帝，信仰三位一体的神，圣父、圣灵和圣子，他做不到，他不能理解，于是他永远抛弃了这个概念。

但是，他在抛弃自己出生，养育和成长起来的那个环境的信仰时，必须用自己的信仰去代替，用某种给予他生活指南的东西去代替，于是他开始钻研《福音书》。然而尽管他把《福音书》里的全部耶稣学说当作自己的生活指南，却仍然找不到对《福音书》里所描写的超凡绝世的奇迹的解释，他碰到了耶稣学说同正教教会布道之间的矛盾。耶稣说："不要杀害任何人，可是教会却在为信仰基督教的武士进行

祈祷。"

托尔斯泰开始翻译并且研究四卷《福音书》，他完全沉浸在宗教思想和宗教著作中，那样专心致志，以致屠格涅夫到雅斯纳雅·波良纳来请他前往莫斯科参加普希金纪念碑开幕典礼时，他觉得这件事跟他需要解决的问题相比较实在不屑一顾，所以拒绝了，屠格涅夫和整个文学界大为震惊。

他在科学和思辨中都没能找到人生的意义何在，便开始在生活中去寻求，他发现，要摆脱可怕的处境，有四种方法：第一种是浑浑噩噩；第二种是寻欢作乐；第三种是强力手段；第四种是无所作为……

然而，这些思考也没有满足他对生命意义的思考。他最终认为，只有宗教信仰才能赋予生命以意义，人民的宗教信仰被定为种种仪式，在那里谬（miù）误是和真理混在一起的。

托尔斯泰在《忏悔录》的结尾说："他将在另一些文章中区分谬误和真理，那是他在18世纪80年代初期要做的事情。"

❋ 托尔斯泰的诊断书 ❋

托尔斯泰始终还是个幽默的人，他记日记已经很久了，在度过那段最忧郁的日子后，雅斯纳雅·波良纳迎来了又一个孩子们的假期，塔尼亚姨妈照例来和孩子们在一起。这个时候的家庭是最热闹的时候，大家聚在一起做各种活动。

　　年轻人们还在家里设一个"邮政信箱"，每个人可以任意写些什么事情，不用署名，然后投在信箱里，到了星期天晚上喝茶的时候就打开这个信箱，然后朗读里面的投稿。托尔斯泰也会投去自己的稿子，这一次，他投了一篇《雅斯纳雅·波良纳精神病患者病历卡》。

　　"编号1（列夫·尼古拉耶维奇）。多血质型。属于文静类病人。患者为一种狂症所控制，这种症状被德国心理学家称为'改造世界的狂症'。疯狂点在于，患者认为用言辞去改变别人的生活是可能的。共同特点在于：对一切现存秩序不满，谴责除自己以外的一切人，爱发刺激性的长篇大论而不注意听众，经常从愤恨和激动转为不自然的哭哭啼啼的多愁善感。个别特征：做非本分和不需要做的工作，刷靴子、缝靴子、割草等。治疗：所有周围的人对他的话完全不予理睬，给他能消耗全部的工作。"

　　"编号2（索菲娅·安德烈耶夫娜）。现住安静类病房，但是常常要被隔离。患者被一种'自大狂'的症状所控制。疯狂点在于，患者觉得，所有的人都向她要求所做的一切，而她怎么也来不及做。症状：解答没有出给她做的习题，在问题提出之前就回答问题，针对并未向她出的指责为自己辩护，满足没有提出来的要求。制度规定：不与轻浮的上流社会的人接触。"

　　"编号3（塔吉雅娜·安德烈耶夫娜·库兹明斯卡娅）。患者被一种叫做'并发精神错成'的狂症所控制，这种狂症相当罕见，不大可能治愈。属于危险型病人。病的起因：在青年时期享有不应有的荣誉，习惯与满足虚荣心而不顾生活的道德基础。症状：惧怕虚构的、附在自己身上的鬼，但又特别热衷于他们干事和各种各样的诱惑：闲散，奢侈，作恶。关心不存在的生活而对现有的生活无动于衷。……治疗方法有两

种：或者把自己完全交给魔鬼及其所做的事情，使病人尝到他们的苦头；或者把病人与魔鬼及其所做的事情完全隔开来。……"

徒步朝圣

1881年3月1日，沙皇亚历山大二世被暗杀了。托尔斯泰对此感到可怕。他听说凶手将被处死，更为不安。

伊里亚在他的回忆录里叙述了托尔斯泰一家人是怎样听到沙皇被杀害的噩耗的："3月1日午饭前，爸爸照例在公路上散步，大雪纷飞的冬天过去了，冰雪开始融化，道路上已经出现坑坑洼洼，凹地积水盈盈。天气不好的时候，图拉不通邮，看不到报纸。爸爸在公路上碰到一个意大利流浪汉，带着一架手摇风琴和几只占卜的鸟儿，他是从图拉步行来的，两人攀谈起来：'从哪儿来，往哪儿去？'

'从图拉来，消息不好，我吃不下饭，鸟儿也不啄食，皇帝被刺了！'

'哪一个皇帝？谁刺杀的？什么时候？'

'俄国皇帝，在彼得堡，被人投炸弹炸死了，我在报上看到的……'

爸爸回来，立即把亚历山大二世遇刺的消息告诉了我们，第二天报纸到了，证实所传属实。

我还记得，这桩毫无意义的谋杀给父亲留下了多么恶劣的印象。

这位做了许多好事的沙皇，时时刻刻希望为民造福的善

良老人的惨遭凶杀使他不寒而栗，这且不说，他还想着那几个凶手，想着正在安排的死刑。而且与其说是想着他们，不如说是想着那些安排死刑的人，特别是想着亚历山大三世，一连几天他面色阴沉，沉思不语，最后决计上书新沙皇亚历山大三世……"

他考虑了几天，终于决定给新登基的沙皇亚历山大三世写一封信，请求沙皇按照《福音书》里"要爱你们的仇敌"的教导赦免凶手。

信中有一段是这样写的："请陛下赦（shè）免他们，以德报怨，数百恶人中定将有数十人离开恶人转向上帝。亿万苍生见陛下仁慈为怀，恩德浩荡，不计杀父之仇，必将欢欣鼓舞，感激涕零。陛下应昭示全国以耶稣基督宽恕博爱的精神，且躬体力行，以基督教博爱的精神治国，方能消灭削弱俄国的罪恶。任何革命运动在力行耶稣基督教规的君主面前必将如蜡烛遇火，立即融解。"

沙皇当然没有听取他的教导。4月3日，那五名凶手就这样被处决了。

托尔斯泰想靠基督教义治国安民的理想在现实面前碰壁，这让他十分痛苦，但他不会放弃探求。

1881年6月30日，托尔斯泰对他的侍仆说："明天我们要去奥普季纳修道院，要去一个多星期呢。你抓紧准备一下路上用的东西。"

他还对妻子索菲娅说："看看这上帝的世界，看看这大千世界是怎样生活的，对于灵魂是多么重要和有好处啊！"

第二天，附近农民送来了两双为他们特制的树皮鞋。托尔斯泰吩咐管家给那个农民30戈比的鞋钱。然后，他们穿上

树皮鞋，背上粗麻布背包，于中午11点，向全家道别，踏上了去往奥普季纳修道院的路。

4天之后的傍晚来到修道院，他们狼狈不堪的样子，被误认为是乞丐，晚餐时被分派和乞丐一同用餐。

仆人要表示抗议，因为他身边这位是大名鼎鼎的文学家——托尔斯泰伯爵啊！但他被主人用目光阻止了。

托尔斯泰毫不理会，也一点不厌恶自己身旁的这些乞丐，他高高兴兴，吃得分外的香。晚上他们被安排到下等旅馆过夜。糟糕的是与他们同屋的人鼾声如雷，让托尔斯泰无法入睡。

仆人要叫醒那人，让他别打呼噜，被托尔斯泰阻止了，这一夜，托尔斯泰几乎没睡。

第二天，他们去看修道士们干庄稼活儿，回来路过一个书摊，见一个妇女与卖主为一本《福音书》讨价还价。托尔斯泰在妇女因价贵想放弃时，买了书，送给了她。妇女竟然叫出了他的名字，说上次他来时，见过他，还得到过他的布施。托尔斯泰伯爵来修道院的消息很快传开了。他们受到了修士大司祭和阿姆弗罗西长老的邀请。

这时托尔斯泰身穿满是灰尘的粗布衣裳，脚登树皮鞋，与两个同行者——他的随身仆人谢尔盖阿尔布佐夫和雅斯纳雅·波良纳的一位教师，正跋涉于古杨夹道的大路上，向奥普京·普斯蒂尼修道院走去。

他追求的是同朝圣者会晤，同农民交谈，接近他们的朴素的生活，了解他们有益的见解，接近朝夕与共的大自然，目的是抛弃痛苦的优闲生活的外壳之后，与那个纯真

的唯一境界即上帝的世界融为一体，因为舍此生活就失去了灵魂。

托尔斯泰此行访问了阿姆弗罗西长老，同他亲切交谈，进行辩论，这位长老劝说托尔斯泰忏悔并回到教会的怀抱，这没有起作用，自从访问奥普京·普斯蒂尼后，托尔斯泰同东正教离得更远了。

托尔斯泰已经完全放弃文学创作，只是有时突击式地写一写传奇故事，《人靠什么活着？》，这个故事十分鲜明地描写了庄稼汉对上帝和上帝正义的信赖，描写了俄国农民的智慧、纯朴和对上帝的敬畏之心。

托尔斯泰在赴奥普京·普斯蒂尼修道院的途中访问了一些旧教徒，他在萨马拉省对莫罗勘教徒产生了兴趣，托尔斯泰感到这些人比旧教徒亲切，容易理解。

◎莫罗勘教：18世纪俄国发生否认一切宗教仪式的一个教派，莫罗勘教徒的教义朴素，尊重耶稣基督的学说。

此次徒步朝圣，让托尔斯泰感到最高兴的是途中遇上的人不再视他为伯爵，而是看做一个乞丐一样的人。

这时，他越吃苦，越觉得对以往生活弃绝得越彻底，也越心安。徒步朝圣，他要表示对上帝的虔诚；从另外一个角度看，他的精神危机已见端倪。

此行，也可说是他寻求自我解脱，寻求精神安慰之苦旅。

痛苦

托尔斯泰徒步朝圣之后，心情有过短暂的平静。但是，这年（1881年）9月中旬，全家迁居莫斯科后，他便又陷入了痛苦之中。迁居的原因主要是为了孩子们的教育：大儿子和大女儿都到了上大学的年龄，二儿子和三儿子也该上中学了。

不管他精神上如何承受折磨，但日子还得过下去呀！到莫斯科后，大儿子谢辽沙上了大学。大女儿跟请来的画家学画画，后来送她去了美术学校，毕业后拜师大画家盖伊学艺。

二儿子和三儿子被他送进了一家私立中学。他没让孩子们进官办的学校，因为那里要他做出书面保证，保证孩子们没有他那所谓的"不良思想"。

开头这一个月，他是在痛苦之中度过的。他一向对莫斯科印象不好，认为这个城市贫富悬殊太大了。他对自家的豪华阔绰，也十分苦恼。"一个月过去了，我一生中最痛苦的日子——搬到莫斯科。大家都在忙着布置——他们什么时候才开始生活呢？这一切都不是生活，而是为了像别人。"

他曾指着一把安乐椅对妻子说："这样的一把椅子就22卢布，农民可用这些钱买一头牛或一匹马，太奢侈了！"

由于上流社会交际的必要，妻子每逢周四和周日都要举办舞会或招待会。每当这时候，托尔斯泰总是闷闷不乐。

然而丈夫的压抑，索菲娅全是看在眼里的，仿佛搬到莫

斯科是他的错误似的，她的内心在煎熬着。她几乎每天都要掉眼泪，因为列夫不仅不吃也不喝，并且意志消沉，陷入了一种不可挽救的冷漠中。

就在他们搬到莫斯科一个多月后，索菲娅又生下了一个儿子，取名阿列克塞。

托尔斯泰的精神出现转机是在10月到特维尔省造访了休塔耶夫之后。

休塔耶夫可谓是他的志同道合者，他是个农民，宣传所有人和所有民族都应当互相友爱，亲如兄弟。主张财产共有，不承认私有财产，不允许用暴力抗恶。他全家生活在公社里，认为基督公社是实现"按上帝方式生活"的理想形式。

见到托尔斯泰，休塔耶夫具体地阐述了他的信仰："田地不该分，森林不该分，房屋不该分。这样，房屋就不必上锁，警察也可以撤消。贸易无须存在，法官更没有用，战争当然也不会发生。大家同心同德，不分你我，一切属于公社。"

休塔耶夫的一些思想和托尔斯泰很契合，他常常为休塔耶夫的某些观点激动，比如说到举行婚礼，他说："当这件事决定了，我们在晚上聚集的时候，我给他们讲人应该怎样生活，然后我把他们的床铺好，让他们睡在一起，把灯熄灭了，这就是整个婚礼。"

托尔斯泰满意而归，他在这些被视为"愚昧落后"的农民中，找到了真正的宗教热情，也找到了对基督耶稣学说和上帝的信仰。回来之后，他忧郁少些了。他每月花6卢布另租了两间小房，在那里安静地工作。

《那么我们现在该怎么办?》

　　这年冬天，他去访问了莫斯科穷人聚居的希特罗夫市场和亚亚宾免费宿夜的贫民。看到这些衣着破烂、忍饥受冻、叫苦连天的悲惨贫民，他惊讶、他愤慨、他羞愧。在他把身上所有的钱都施舍出去之后，逃离似的，嘴里痛苦地说着："不能这样生活下去，不能！不能这样生活下去！"

　　为了更好地了解城市普通居民的生活，他访问了希特罗夫小客栈，在这里聚集着许多来自外省的农民，他们饥饿，衣衫褴褛（lǚ），在严寒中颤抖，等待着进入这个贫民小客栈过夜。作家把身上带的钱全部分给了他们，但是还不够，不能满足十分之一的农民的要求，成千双熬苦受难的眼睛盯着他，等待着救济。1882年初，莫斯科进行居民人口调查，托尔斯泰向人口普查主管人提出申请，要求参加这项工作。他被分配到"最可怕的贫困和堕落的巢穴"——勒扎诺夫大杂院，亲眼看到了社会底层人民的悲惨生活，感动得痛哭流涕。他在《论莫斯科人口调查》一文中分析说："如果莫斯科有成千上万的人忍饥挨饿，并因此而死亡，那罪过不在他们身上。如果追查罪人，就是那些深居高楼大厦、出入乘华丽马车的人。"他认识到了广大人民贫穷饥饿的根源，并且把自己也放在犯罪的位置上进行自我批判。

　　1882年1月23日，莫斯科进行了人口调查，在此之前，托尔斯泰写了《论莫斯科人口调查》，认为除了人口调查外还有一个慈善目的。根据托尔斯泰的请求，他被派往调查织

工区的一个地段，那是最穷的地方。他发现，一切都不在他想象之中。

他看到一个龌（wò）龊（chuò）又拥挤的地方，形形色色的、所有这些他想施之于恩的人，但令他尴尬的是在这个地方他竟然没有找到一个他想施之于恩的人。这是为什么呢？

那些穷困的人，在托尔斯泰的预料中，是那些只要给了钱就能使他们从不幸中变得幸福的人，这里并没有。托尔斯泰说："他们的不幸不在于外部条件，而在于他们本身。"要帮助这些人，只有依靠改变他们的世界观，而要改变他们的世界观，自己就要有一个更好的世界观，并且生活的与世界观相一致，可我的世界观却和他们的一样，我的生活也与这种他们不再不幸一定要加以改变的世界观相一致。"

这次调查几乎可以说是失败的，他自己觉得像一个医生带着药来看望病人，既揭开了病人的溃疡，触痛了它，又不得不向自己承认，他所做的这一切是枉费心机，他的药对病人不适用。

参加人口普查工作以后，托尔斯泰对统治阶级更加憎恨，对被压迫、被奴役者的同情更加强烈了。城市生活令人窒息的气氛使他喘不过气来，难以忍受。他回到雅斯纳雅·波良纳，以便使自己的头脑"从浑浑噩噩的莫斯科生活中清醒过来"。

在自己的庄园里，他以满腔的激情撰写揭露性文章《那么我们应该怎么办？》。他在文章开头写道："我的一生

不是在城里度过的，当我1881年移居到莫斯科时，城市的贫困使我感到惊讶。我了解到农村的贫困，而城市对我还是新鲜的、陌生的。在莫斯科，不管走到哪条街道都会遇到乞丐，同农村不同的特别乞丐。"如果说作家过去对城市上流社会的奢侈生活只是感到不满，那么现在则是深恶痛绝了。

在这篇文章里，他描绘了贫苦人生活的悲惨情景，也刻画了富有人寻欢作乐的情形。他认为城市的贫困比乡下的贫困更加厉害、更加严酷。而赤贫现象集中在城市，其根本原因就是人们失去了赖以安身立命的基础——土地。丧失了土地的农民之所以流入城市，是因为城里的富人需要奴仆。

那么，面对这样可怕的贫富悬殊，到底应该怎么办呢？

托尔斯泰开出的药方是：其根源在于私有制度，只有使人们都拒绝他人的奴役，放弃私有财产，而靠自己的劳动生活，才不会使劳动者变成穷人。托尔斯泰在这篇宣言性的文章里，对资产阶级的科学、政治经济学、法学以及形形色色的哲学流派都进行了无情的批判。

他在书的结尾，热烈赞扬了母亲，将希望寄托在母亲身上，"是的，妇女——母亲，你们比任何人都更有希望成为世界的救星。"

另外，他在另一篇名为《教会神学批判》的文章中，对教会的"神圣"教条也进行了辛辣的嘲讽。这样一来，他就引起了教会和政府当权者们的强烈仇恨，因此惹祸上身。

1882年9月11日，内政大臣通知各省省长注意托尔斯泰

伯爵在同分离派关系上的"有害活动"。

同年同月，莫斯科警察局长命令，派特务对托尔斯泰秘密监视。同年12月中旬，托尔斯泰被选为克拉皮文县贵族长，他却写信给图拉贵族长拒绝担任此职。因为他厌恶当局和贵族，决定与之决裂。

特务们还向上级报告说，托尔斯泰曾在一个农民家里举行集会，竭力向人们灌输平等思想，还主张一切都要彼此平分。还报告说，农民从他谈话中看得出他是否定政府和政权的。因此，从他们的谈话中可以得出结论——托尔斯泰不是一个分离派，而是一个社会主义者。

1883年9月末，托尔斯泰拒绝履行法庭陪审员的职务。为此，内政大臣向沙皇亚历山大三世专门递上奏折，请求对托尔斯泰进行无条件的严厉谴责，以防止引起混乱。

因此，政府当局就想方设法对托尔斯泰进行压制和迫害，出书受到严格审查，一些揭露黑暗现实和教会的文章都不断被禁止出版。但托尔斯泰依然故我，不为所动。他认为，当时社会，之所以一些人遭受深重的苦难，是由于"私有"造成的。

沙皇政府十分害怕托尔斯泰，一个反动报纸《新时代》的编辑在日记中写道："我们有两个沙皇，一个是尼古拉二世；另一个是列夫·托尔斯泰。他们两个哪一个更强大些呢？尼古拉二世拿托尔斯泰一点儿办法也没有，丝毫不能动摇他的宝座，而托尔斯泰却毫无疑问地在动摇尼古拉的宝座和他的专制制度。"

托尔斯泰回到了雅斯纳雅·波良纳，索菲娅在1882年2

月28日的日记中写道："他的基督教的心境不能安于都市生活的奢侈、懒散和冲突。昨天他和伊利亚回雅斯纳雅去了，去工作和休息。"

农民

夕阳沉落了，连那一片淡淡的红霞也悄然隐没。田野是这样宁静，蛙声还来唱响，在溪边便有一缕炊烟袅袅升起。溪边的草地上燃烧着一堆篝火，四五个男孩子正在火堆边煮鱼汤。

这时，有个老者慢慢走向火堆。他手里拿着一把镰刀，戴着草帽，脖子上搭着一条毛巾，还有一条腿的裤角绾（wǎn）着。

"孩子们，你们好啊。"老者走到火堆跟前，笑呵呵地打招呼。

"伯爵爷爷，您好！"一个稍大些的男孩儿站起来，对老者笑着问好。

"叫爷爷，不用叫'伯爵'。呵呵！"

"是我爸爸让这么叫的。"男孩儿极认真地说。

老者当然是托尔斯泰，他今天帮一个寡妇家收割麦子，这是刚刚收工要回家。

"爷爷，您给我们讲个故事吧。"有个脸蛋上抹了块黑泥的男孩对托尔斯泰提出了要求。

那个问好的男孩儿已经过来拉住托尔斯泰的手，说：

"伯爵……哦，不，是好爷爷，你尝尝我们煮的鱼汤，可好喝了。"

托尔斯泰放下镰刀，在火堆旁坐下来，笑呵呵地说："好吧，爷爷给你们讲个故事……"

那个男孩儿从另一个男孩儿手里抢过汤匙，递给托尔斯泰，说："好爷爷，你先喝口汤吧。"

托尔斯泰笑着说："我还没讲故事，怎么能先喝你们的鱼汤呢！我讲的这个故事叫小绿棍的故事。在扎卡斯峡谷那边的森林里呀，埋着一根小绿棍，上面刻着可以让人免遭不幸，永远幸福的奥秘……"

"那么，怎样才能找到那个小绿棍呢？"有个男孩儿急切地问了一句。

"是啊，怎么才能找到那根小绿棍呢？"托尔斯泰说完，笑呵呵地逐一看着孩子们，又说："森林那么大，树又那么多，当然不容易找到了。但你们可别灰心啊，只要你们好好读书，从小就做善事、好事，那么总有一天上帝会把小绿棍送给你们的。"

男孩儿把汤匙递给托尔斯泰。托尔斯泰便喝了口汤，笑着说："好喝，真好喝，味道多么鲜美呀！我从没喝过这么好的汤呢！"他和孩子们轮流用这只汤匙喝起汤来，还鼓励孩子们讲故事给他听，一直到天黑了，他才离开溪边回到家。

到家后，看见那个鞋匠已经等在那里。

"老爷，听我老婆说，您昨天去找过我，我不在家……"鞋匠样子有些不安，陪着小心。托尔斯泰让鞋匠陪他一同吃晚饭。边吃，他边说："我要拜您为师啊！"

鞋匠被一口面包噎（yē）住了，托尔斯泰笑了，说："我要跟您学做皮靴。"

托尔斯泰学做皮靴的事让他好朋友费特知道了。这天费特来到了托尔斯泰的家。果然，托尔斯泰在像模像样地做

一双皮靴。"请坐吧，我没工夫招待您！"托尔斯泰坐在那里，手里的活儿没停，对费特这么打招呼。

"哦，没关系。我不是为了让你招待才来的，我想订做一双皮靴。"费特煞有介事地说。

3天后，皮靴做好了。

费特一穿，还挺合脚，笑着问："那么，尊敬的鞋匠，我应该付您多少鞋钱呢？"

托尔斯泰也笑了，说："你就给6个卢布吧。"

费特就给了托尔斯泰6个卢布，还打趣地写了一个"证明"：兹向《战争与和平》的作者托尔斯泰伯爵订做了一双皮鞋，皮鞋完全合格，以上情况属实，特此证明。在"证明"后还签名，并加盖了自己的图章。

这些都是1884年夏天发生的事情。这时，托尔斯泰已改变了生活方式，他不用仆人服侍，尽量多地参加体力劳动。

冬天的时候他会自己推着雪橇到井边打水，然后一步步艰难地把水拖回家去。他自己生火、收拾房子、刷鞋子。他穿很朴素的衣服，看起来更像是一个农民。托尔斯泰变得非常温和了，他一直都在训练自己温和。

传媒出版社

1884年6月，托尔斯泰打定主意，给家里人订下了改变生活的计划：把土地分出去，靠自己的劳动生活。对此他又做了具体明确的阐述："生活、食物、衣装——所有这些都

是最简单的事。所有其他多余的东西：钢琴、家具、马——卖掉，分掉"。

远离了莫斯科的喧嚣，下了火车，坐在雪橇（qiāo）上滑行在通往雅斯纳雅·波良纳的路上，托尔斯泰顿悟，这寂静和柔和是他所追求的生活。

他在1885年3月给朋友的信中说："我和乌鲁索夫两人坐在岸边一块岩石上。四周寂静、舒坦、肃穆，全都浑然天成，我不由得忆起莫斯科，回忆起你的种种烦扰和日常琐事，回忆起莫斯科人的活动和娱乐，人们竟能如此的扼杀自己的生命，真是难以置信。"

"对待一切人的态度，从省长到乞丐都一样。目的只有一个，这就是自己和家庭的幸福——在于生活上要求少和为别人做好事。"要让这计划得以实施，必须征得妻子索菲娅的同意。

这时候的索菲娅已经开始管理着丈夫的出版事务，她监督校样和销路，第一年她就收入了6万卢布。除此之外，她还得为孩子们操心。

受父亲的影响，两个女儿开始成为素食主义者，并像父亲那样到地里干活儿，托尔斯泰很欣慰，索菲娅却不那么高兴。

索菲娅虽然不支持丈夫，但是对他的爱是不变的。但是慢慢的，她和托尔斯泰开始为了一些很小的事情而争吵。

他们矛盾的根源，可以说源自托尔斯泰分家的打算，索菲娅不能忍受丈夫将家庭"折腾"个精光。

她对丈夫的做法一直容忍，认为可能是丈夫一时的病

态，期望着早些结束这种情况。但事情的发展与她期望的越来越远，已经到了可怕的地步。

有一次大吵大闹时，索菲娅·安德列耶夫娜气得话也听不进，脑子也丧失思考能力了，她气得忘乎所以，从家里冲出去，徒步跑到火车站，打算卧轨自尽。

幸好有个熟人当时正悠哉游哉做每天饭后的散步，在大路上碰到她。他立刻明白了她要干什么，于是，马上劝说，把索菲娅拖回了家。

现在，丈夫居然要完全改变家里的生活，把赖以维持生计的土地也要分掉，这怎么行呢？她不能再听之任之了。

她对丈夫斩钉铁截铁地说："如果我还活着，在这个家里，你的计划就永远别想实现！"听完，托尔斯泰一句话没说就离开了。既然妻子不想放弃这个家，那么他就决定放弃这一切了。

他决定当夜就离家出走。入夜，妻子和孩子都睡了。托尔斯泰背着个粗麻布包走出家门，包里只有一些书：除了《圣经》，还有马可、奥勒留、爱默生、爱比克泰德、蒙田、帕克、帕斯卡，以及中国圣贤孔子、老子的著作。

当他走到去往基辅教堂的大路上时，他停住了。他突然想到妻子就要分娩（miǎn）了，他的心软了。他默默地又走回来，决定等妻子分娩之后，与妻子说明了，再离家出走。果然，第二天，妻子生下了第四个女儿，起名叫萨莎。

平静了一段时间，托尔斯泰对妻子说："我要与你们分开，我不能再这样生活下去了。我要去巴黎或美国。"

"你走我就自杀！"妻子哭泣着说："不，亲爱的，

不要丢下我；你知道我有多么爱你；没有你，我无法生活！"托尔斯泰受了感动，搂紧妻子，暂时放弃了出走的打算。

既然暂时不能出走，也不能说服妻子分掉财产，那么，他想了个两全其美的办法——创办出版社。

他此时已经把自己的创作方向转到为老百姓写作——面对啼饥号寒的贫民，他除了尽可能多地施舍出钱财，还能做的，就是写作，在精神上帮助贫苦的百姓忍受生活带来的痛苦。

这时他的作品出版已受到限制，何况为贫民写的东西了，那么自己创办出版社就势在必行了。

就在这年冬天，托尔斯泰找到切特尔科夫——他志同道合的好朋友，他是1883年秋与切特尔科夫相识的。切特尔科夫出身在贵族家庭，却受母亲影响，参加了十二月党人起

义，被流放到西伯利亚。流放期满，在朋友处得知托尔斯泰的观点跟他相近，便前来拜访，成了托尔斯泰的信徒。

托尔斯泰对切特尔科夫说："我现在正式委托你创办出版社，不仅出我的作品，还要把世界文学中最伟大的作品加以改写，供老百姓阅读。要注意出版通俗实用的医学书籍，供看不起医生的穷人使用。

你要记住一点："书要好，价要低，要面对老百姓。这就是我们的宗旨！"

创办出版社由托尔斯泰一个人出资，算是"董事长"；由切特尔科夫全权负责，类似"总经理"。1885年初，他们创办的出版社——媒介出版社在莫斯科成立了。

出版社成立不久，就取得惊人成功：头4年就发行图书12印万册。10年中共出版了250多种作品，其中托尔斯泰本人的作品占44种。

在各类读物中儿童读物的发行量最为可观。出版社还在彼得堡、哈尔可夫、罗斯托夫等地开设了分社。

创办出版社前后，由于托尔斯泰选准了为老百姓写作这一方向，使他又进入了一个创作高峰期。

第六章

完美的农民

✳ 我们需要的是什么? ✳

传媒出版社的成功期间，托尔斯泰把精力集中在为"媒介"创作大量民间故事、传说和寓言故事上。很多故事都表达了对古代宗教生活的向往和美化，托尔斯泰的很多作品以及媒介出版物的装帧插图都请了当时最有名的艺术画家们来画。

1886年1月18日，死神的魔爪再次伸向托尔斯泰家幼小的生命。4岁的阿列克谢因患咽喉病死去。他在日记里写道："我只知道，孩子的死去在过去使我感到的首先是不可理解和残酷的事，而现在我觉得是一件合理的好事儿。因为这一死亡，我们比从前更相爱，更亲密了。"

1886年春，他又决定回雅斯纳雅，这一次他决定从莫斯科步行走回雅斯纳雅，沿途为130里。盖伊以及盖伊的儿子、另外一位贵族青年将与他同行。托尔斯泰肩上背了一个亚麻布口袋，装着食物，一双鞋，两只袜子和几条手绢，一小瓶胃药，他还随身带了一个拴有铅笔的笔记本，他要记下路上发生的事情。

这次旅行，两个青年都半途而废了，托尔斯泰和盖伊两个老人花了三天的时间到达了目的地。这次旅行相当地快乐，他说："从来没有什么事情让我这样喜欢过。"他在沿途中记录下关于一个九十多岁的、口齿不清的老人讲述"尼古拉棍子（尼古拉一世）"的故事，回来后他写成了随笔《尼古拉棍子》。

托尔斯泰在生活的漩涡中无力自拔，思想和现实的矛盾既不可以调解又无法解脱，终于使他看穿了西方"文明"、"理性"的虚伪，全盘否定了资本主义生产方式以后，转而向"宁静"的东方哲学中寻求真理，在"全人类的远古时代制定的指导定则中"找到了"生活的力量"。

托尔斯泰从1877年开始阅读老子的著作，写过大量评注和介绍老子思想的文章，还准备将老子的《道德经》从法、德文译成俄文，最后由于精力不济和语义上的障碍未能完成。但从70年代起，托尔斯泰对老子的兴趣有增无减，专注地学习和研究老子著作，持续到

◎老子：西周末年人，原名李耳，字伯阳，又称老聃，后人称其为"老子"，是我国古代伟大的哲学家和思想家，道家学派创始人，所著的《道德经》是著名的哲学经典。

暮年。托尔斯泰还研究过孔子、孟子以及墨子等中国古代哲学家的学说。他说："我被中国圣贤极大地吸引住了……这些书给了我合乎道德的教益。"他认为，孔子和孟子对他的影响是"大的"，而老子的影响则是"巨大的"。

对于托尔斯泰来说，老子强调内省式的自我道德修养和自我完善的主张，不仅可以使个人纷乱惶恐的心情平息下来，保持高远纯净的境界和原始真朴的气质，而且也是缓和社会矛盾冲突的灵丹妙药。

正如列宁在《列·尼·托尔斯泰和他的时代》中指出的：托尔斯泰主义的现实的历史内容，"正是这种东方制度、亚洲制度的思想体系。因此，也就有禁欲主义，也就有不用暴力抵抗邪恶的主张，也就有深沉的悲观主义调子，也

就有'一切都微不足道，一切物质的东西都微不足道'的信念，也就有对'精神'、对'万物本源'的信仰，而人对于这个本源不过是一个'被派来进行拯救自己灵魂的事业的''工作者'等等。"尽管托尔斯泰对东方民族的哲学给予了高度的评价，但是圣贤们的伟大真理不能使他摆脱对人民痛苦和贫困的各种思虑，不能使那些一直折磨着他的问题给予圆满的解答。

他现在每天都过着紧张而充实的劳动生活。做简单的体力劳动，让他体会到了从脑力劳动中脱离的快感。他写道："只要我一天不走动，不用我的腿和双手干活，到晚上我就什么用也没有了。我不能读书，不能写字，甚至不能注意别人说话，我的头发晕，眼睛里好像在冒火，我整夜睡不着。"

这个时候的托尔斯泰，越来越近乎于一个完美的农民，他用殉（xùn）道者似的方式进行着每天的生活，孩子们被父亲的热忱打动纷纷去田里干活了。伯爵夫人抛开了莫斯科的生活，来到了乡下，穿上土布裙子，去翻晒干草。

❋在阳光与黑暗之间❋

1886年夏天，托尔斯泰帮助一户农民运干草，一不小心脚被马车给轧伤了，后来引发了丹麦性炎症，卧床不起，索菲娅认为是化解她与丈夫矛盾的好机会，便尽心尽力，并把对丈夫的照顾看做是一件幸福的事情。

两个月后，托尔斯泰的脚好了，他并未被妻子"感化"，仍然坚持要妻子同意放弃财产，索菲娅说："他让我感到，他再也不需要我了，于是我又被当做一个无用之物而抛弃了。"索菲娅流着泪又返回了莫斯科。

托尔斯泰仍然我行我素，每天写作读书，同时还要去田间劳动。这期间，新沙皇亚历山大三世在全国实行了最残酷的反动统治，使俄国成为"黑暗势力"下的"黑暗王国"，他在生病期间写了剧本《黑暗的势力》。

这个剧本的情节是根据一个真实的案件改编的，剧中反映了由于农村经济的崩溃，金钱的邪恶势力使得人们道德基础遭到破坏，唯利是图的动机把善良的人引入歧途。

但剧本送交书刊检查机关审查时，审查机关却以"淫秽而且没有文学性"为由不准发表。就这样，作品只能在朋友之间传看，并得到一致赞赏。有人甚至评价"一点也不低于莎士比亚"。

赞扬声传到沙皇耳朵里，他便让人拿来剧本念给他听。他一听竟入了迷，连皇后和公主们也都夸好，于是批准剧本演出。可是演出没几场，神教院总检察长就来对沙皇说剧本的坏话，说剧本"贬低道德情感，侮辱趣味，否定理想，给人带来的恐怖久久无法镇静下来"，还说"该剧要是让各剧院公演，必将使我国舞台急剧堕落"，于是剧本又禁演了。

剧本虽然被禁演、禁售，它却已经深入人心且在欧洲各国继续上演着。

从1888年开始，该剧便风行西欧法国、瑞士和意大利等国，连同后来的《教育的果实》，享誉世界。《教育的果实》一剧，在《黑暗的势力》未完全定稿时，托尔斯泰就已经着手写了。该剧首演时是1890年9月15日，地点是图拉，并于1893年获得俄国创作家协会奖。

这个剧本命运与《黑暗的势力》差不多，开始也遭到禁演、禁印。但剧本却被偷偷印了出来，人们争相传阅，先睹为快。并且有些戏剧爱好者还在小范围内把它搬上了舞台。

在创作上面这两部剧作期间，托尔斯泰还写了《谢尔盖神父》、《克莱采奏鸣曲》、《天国在你心中》等重要作

品，并写了那篇著名文章《论生命》。

这期间，托尔斯泰的信徒越来越多，有些信徒已不满足单独去实践托尔斯泰的学说，还组织了一些托尔斯泰主义基督教公社。

他的影响力使得政府害怕、随着托尔斯泰影响的不断扩大，沙皇政府在迫害他信徒的同时，甚至使用了恫（dòng）吓的手段对付他本人。1897年12月底，托尔斯泰收到一封匿名信。

这封匿名信是这样写的："毫无疑问，你的教派的势力在增长，并在深深地扎根。尽管它没有根基，但由于人们的愚昧和恶魔的帮助，你凌辱我们的主——耶稣基督的图谋已完全得逞，我们要为他复仇！"

"我们组织了秘密团体'第二十字军'，其宗旨是要杀死你和你的追随者。我们为你规定的死期是：1898年4月3日。"

面对妻子的焦躁，托尔斯泰只是淡然地说："听上帝的安排吧！"

这几年，他遭遇了诸多的不幸。他的7岁的小儿子死去了，托尔斯泰还听到了杜霍博尔派受到沙皇政府残酷迫害的情况。针对该教派所遭受的迫害，托尔斯泰让信徒之一、最亲密的朋友比留科夫去调查核实。比留科夫回来后写了一篇《基督徒在俄国受迫害》的文章，在国内无法发表，由托尔斯泰校订并加写序言，刊登到英国伦敦的《泰晤士报》上，手抄本也在国内流传起来。

因此，政府也把托尔斯泰看成是极为危险分子。由于托

尔斯泰的声望，沙皇政府当然不能轻易把他逮捕，可对他的追随者却毫不手软。

托尔斯泰眼看身边的朋友、信徒一个个遭到逮捕和迫害，他痛心疾首，写信给内政、司法两大臣说：你们要迫害就只管迫害我一个人好了，不要迫害别人！可两位大臣未予理睬。

沙皇政府对杜霍博尔派的镇压也愈演愈烈。对此，比留科夫、特列古博夫和切特尔科夫——托尔斯泰著作的编辑、媒介出版社负责人、他最亲密的朋友——联名向社会发出了一份题为《请予援助！》的呼吁书，印了许多份散发，国外报刊纷纷刊载。这份呼吁书的措辞是经过托尔斯泰润色的，他还加了前言。

为了这件事，这3个人在1897年上半年都遭到了流放：切特尔科夫被流放国外，比留科夫被流放到一个偏远的地区，特列古博夫先被捕入狱，后来也被流放到了荒凉的地方。

这3个人被流放，是对托尔斯泰的沉重的打击，也是对他的威胁和恫吓。

赈灾

1891年到1892年，俄国中部发生了大规模的旱灾。托尔斯泰立即行动，带着两个大女儿奔赴重灾区，三个大一点的儿子也都投身到赈灾活动。托尔斯泰和两个女儿在村里办起

了18个免费食堂，在救灾期间这种食堂共办了两千多个。他们不仅要解决人民吃饭的问题，还要为快饿死的马找干草，在冬天提供燃料……

索菲娅为丈夫和女儿感到非常担心，可是不久，她自己也投身到这项工作了。她给《俄罗斯新闻》写了一封信，呼吁捐款救济饥民。这封信真切感人，被国内外许多报纸转载。

她在信中说：我们全家都分散到各地去救济灾民了。我丈夫托尔斯泰伯爵和两个女儿目前正在丹科夫县组织最大数量的免费食堂或者像老百姓所叫的"孤寡收容所"。我大儿子二儿子在红十字会服务，有效地帮助着切尔诺县的人民；三儿子到萨马拉省去开办尽可能多的食堂。

我带着4个年幼的孩子不得不留在莫斯科，只能在物质上帮助我一家人的活动。但他们的需要量太大了！单独的个人是无力满足这种需要的。而此刻，你咽下肚的每一小片面包，你在温暖的房子里度过的每一天，都势必提醒你：此时有人正在饿死！我们过着奢侈的生活，自己的孩子哪怕有一点点的痛苦神色，我们也受不了，难道面对灾区母亲眼睁睁地看着亲生儿女饿死、冻死的那种麻木发呆、痛苦万分的表情，你就无动于衷吗？

不到两个星期，她就收到了1.3万卢布的捐款。她欣喜地写信告诉丈夫："我不知道你们大家怎样看待我的行动，但是坐着不参加你们的行动，我心不安。我从昨天起甚至觉得身体也好些了。我在账本上登记，出收条，道谢，和群众谈话，很高兴能帮助你们扩大事业，虽然是用别人的钱。"

伯爵夫人很久没有和丈夫这么契合过，他们前不久才经

历过分产风波。

1890年冬天的一个偶然事件，使托尔斯泰和索菲娅闹僵了，托尔斯泰最后做了分财产的决定。这件事儿是雅斯纳雅有个农民偷砍了托尔斯泰家的30棵白桦树，索菲娅便告到法院，判处了偷者6个月拘留，并返回了所偷树木。

由于自己的私有财产，这个农民竟被自己的夫人送去坐牢，这使他非常气愤！经过与妻子几次商谈、争吵，双方终于达成了一项协议：托尔斯泰同意把财产分给妻子和子女们，而妻子也同意让托尔斯泰放弃最近一批以及今后著作的版权。

托尔斯泰的版权是家中财产的一部分，夫妻达成的这项协议，实际上是一次大的分家：全部有形财产，分给了妻子和子女，而无形资产（部分版权）分给了托尔斯泰——被他公开声明放弃。

托尔斯泰给报社的声明是这样写的："我赋予所有愿意的人以下列权利：无偿地在俄国和国外，用俄文和用译文出版并上演印在1886年版第12卷上和今年即1891年版第13卷上的所有我的作品，以及我没印过的和今后可能出现的作品。"

在这个饥荒年代，托尔斯泰先后写了：《论饥荒》、《可怕的问题》、《关于救济饥民最后报告的鉴定》、《天国就在您心中》四篇文章，对反动政府进行了无情的谴责与鞭挞（tà）。

他的文章又一次让沙皇政府恐慌不安了。于是《莫斯科新闻》出现了攻击污蔑托尔斯泰的文章；甚至还有人向沙皇

上奏，说托尔斯泰是没有理智，趁饥荒的机会，以救济为名宣扬他的信仰和虚妄的社会理想。要求把他送上绞架，或者流放到西伯利亚。然而，托尔斯泰的影响力在逐日地扩大，并有大批的追随者。

◎西伯利亚：俄罗斯境内北亚地区的一片广阔地带。一想到它，人们就会和雪域、严寒、空旷、野蛮联系起来。在俄罗斯历史上，它以"犯人流放地"而出名。

孩子们的婚姻

孩子们长大了，到了结婚的年龄，然而让托尔斯泰苦恼的是两个女儿的婚事。

1896年5月，在瑞典的儿子列夫和为他治疗的教授的女儿多拉结婚了，全家人都为他们感到高兴。

紧接着悲伤一个接一个地降临到这个家庭……

大儿子谢尔盖的婚姻蒙上了阴影，他的妻子马尼亚突然提出要离婚，谢尔盖一个人在他的小木屋里听音乐来疗伤，后来马尼亚在生了一个儿子之后，患肺病死去了。

两个儿子不肯继承父业，都服兵役去了，本来将承继父业的希望寄托在了万尼奇卡身上，结果死神又将他的生命夺去。

两个女儿的婚姻更是让托尔斯泰无奈。二女儿玛莎爱上了托尔斯泰亲外甥（shēng）女的儿子，这小子是个败家子，且不务正业。在分家时玛莎已经放弃了自己应得的一份财产，以后可怎么生活啊！

托尔斯泰夫妇并不赞成这门亲事，可又说服不了女儿，只好听任女儿在这年夏天与那败家子结了婚。婚后，母亲说服大哥谢辽沙，从自己财产中分出一部分，作为玛莎的财产——总不能看他们无以为生啊。

大女儿塔尼娅的婚事更糟糕。她爱上了一个有6个孩子的有妇之夫，而那男人还是个好色之徒。全家都不喜欢那个男人，都表示反对。托尔斯泰更感到痛心，无法，却又说服不了女儿。在那个男人死了老婆以后，塔尼娅终于在1898年11月14日嫁给了他。

这与其说是婚礼，不如说是葬礼。托尔斯泰一直忍着眼泪，不想在女儿面前流露出自己的悲伤。其他人——包括仆人，都悄悄地哭了。

在这期间，他和妻子索菲娅之间的感情也出现了裂隙，他们常常会莫名其妙地争吵，托尔斯泰更想离家出走了。

《复活》

1898年春天，图拉、萨马拉、奥廖尔、乌发、喀山五省又出现了饥荒。人们纷纷向托尔斯泰求援。托尔斯泰又一次开始了赈灾工作。他写信在报纸上呼吁，捐款源源不断地涌来。

面对几年不断的饥荒，托尔斯泰不断地思索着一个问题：为什么俄国饥荒如此频繁？他写了一篇名为《饥荒抑或不是饥荒？》的文章。他断言：必须铲除压迫农民的一切东

西，必须承认他们的人的尊严。

这年夏天，又有一个难题摆在托尔斯泰面前：如何帮助受迫害的杜霍博尔教徒移居国外。托尔斯泰在走投无路之下终于决定自己赚钱补足所缺的钱。他准备靠《复活》来赚钱。

因此，托尔斯泰这一年基本上都是忙于撰写《复活》，他和《原野》杂志社达成协议，每星期在上面连载《复活》，价钱是1000卢布，并且在发表后将允许所有出版者自由翻印。

他写《复活》的起因，是听到了一个少女因被诱奸而堕落的案件。

那还是1887年夏天，为他讲述那案件的人是彼得堡区法院检察官柯尼。听到那个案件后，他起初请求柯尼自己写，然后由媒介出版社出版，可柯尼却把这个素材转让给他了。

他从1889年就开始写这部小说，但总是写得不顺，有时又因别的事耽搁下来。写不下去的主要原因还是对小说的主题把握不准，他一直没停止对这篇小说的思考。

1891年初，他突然想到，应该把对俄国社会的全面认识融入到柯尼的故事中。

要把自己的一切想法都合并起来进行创作，托尔斯泰为自己的想法而激动万分，然而，由于思绪太混杂不得不再次停笔。

直到1895年他才再次拿起笔，他明白了《复活》之所以不能继续写下去是由于开头写的不对。应当从农民的生活开始写起。

经过近十年地反复思考，到1898年他终于对这部小说的价值有了明确的认识。

于是，在这部小说中，他提出了当时俄国社会最尖锐、最复杂的问题，并且对这些问题做出了最典型的"托尔斯泰式"的回答。

《复活》写于1889年至1899年，小说的素材是检察官柯尼为托尔斯泰提供的一个真实故事：一个贵族青年引诱了他姑母家的婢女，婢女怀孕后被女主人赶出了家门，流落到彼得堡，沦为妓女，因被指控偷钱而受到审判。这个贵族以陪审员的身份出席法庭，见到了从前被他引诱而抛弃了的女人，深受良心的谴责，他向法官申请准许同她结婚，以赎回自己的罪过。托尔斯泰对这个故事很感兴趣，最初的构思是用它做基础，写一个以忏悔为主题的道德教诲小说，题名为《柯尼的故事》。

初稿写成后，作家自己感到很不满意，他在1895年11月5日的日记中写道："刚去散步，忽然明白了我的《复活》写不出来的原因……必须从农民的生活写起，他们是对象，是正面的，而其他的则是阴影，是反面的东西。"

在10年的创作过程中，托尔斯泰经过艰难的探索，不断地修改，扩大和深化了主题，前后共写成6稿，使柯尼的故事与作家所希望揭露的社会问题有机地结合起来。小说的篇幅也逐步扩展，由中篇至长篇，最后成为一部批判尖锐、内容丰富的社会小说。

他无情地揭露了官僚机构的腐败和官方教会的虚伪，表达了对苦难的下层人民的深切同情。但是，对解决社会不

义，政府无道和道德沦丧等问题，托尔斯泰提出的方法却是呼吁人们进行"自我忏悔"，以求"道德自我完善"；呼吁人们弃恶从善，皈（guī）依福音书中的教诲，以求得精神上的"复活"。

作为"忏悔贵族"，托尔斯泰一方面对生活中不公正、不平等和不道德现象极其敏感，而且敢于直言；另一方面他又反对以暴力抗恶，主张用道德感化的方式促使上层社会"良心发现"，使作恶者因"忏悔"停止作恶，从而达到强弱互爱、贫富互助的理想境界。

所以，在《复活》中，这一典型的托尔斯泰思想表现得最为充分，堪称是他后期的代表作。

法国著名评论家罗曼·罗兰说："《复活》是歌颂人类同情的最美的诗——最真实的诗，书中体现了卑劣与德性，一切都以不宽不猛的态度、镇静的智慧与博爱的怜悯去观察。"

俄国著名评论家斯塔索夫评论这部作品说："整个19世纪还不曾有过《复活》这样的作品，它高于《悲惨世界》，因为这里没有一点幻想的、虚构的、编造的东西，全都是生活本身。"

《复活》的写作使得托尔斯泰精疲力尽，女儿们婚后的日子也很不安静，托尔斯泰积劳成疾，身体状况在1900年时非常令人担忧。

写完《复活》不久，他被选为科学院文学部名誉院士。这时，他背已微驼，头发和小瀑布似的胡须全白了，可他的眼睛却更加炯炯有神了，在不停地审视着周围的一切。

✸ 托尔斯泰主义 ✸

《复活》的成功，也使得托尔斯泰主义越发地有影响力，可以说正是这部作品发扬了他所宣传的：道德的自我完善、不以暴力抗恶和博爱精神。

在俄罗斯，托尔斯泰世界观所倡导的不是传统意义上的人道主义，而是基督教人道主义，神人性和上帝的内在性。在托尔斯泰主义中，表现为"道德的自我完善"。

在托尔斯泰看来，道德的自我完善便是抛弃利己主义，投身到利他主义中来。一个人，如果仅仅为自己而活，为了自己而不惜牺牲其他人幸福的权利，那就是一个不道德的人，还没有找到生命意义的人，而生命的真正意义就是在于为了他人牺牲自己。

在《复活》中他写道："一个是精神的人，他为自己所寻求的仅仅是对别人也是幸福的那种幸福；另一个是兽性的人，他所寻求的仅仅是他自己的幸福，为此不惜牺牲世界上一切人的幸福。"

如果想做一个道德完善的人，需要经受很多考验，因为在人心中那个兽性的人会不断站出来试图掩盖每个人温良的本质，诱惑人要及时享乐。所以，当我们认识到自己内心的这种两重性，就不得不经常要进行道德的自我完善。

在这里，我们会注意到"自我"两个字，也就是说，道德的完善不是来自外部，而是来自"自我"，《马太福音》的条条框框不足以约束我们成为一个善良的人，因为《圣

经》中的所有箴言必须与我们内心的神，或者说"精神的人"相对话，相联系，才能得到呼应，才能使我们由内而发地改变。对心中的神的触发，往往只在一瞬间，爱情能让人看到内心的神的可贵，悔恨也能让人看到内心的神的可贵，甚至是罪恶也同样可以，只是在看到之时人们强迫自己把眼睛闭上，而纵身于罪恶给人们带来的片刻快感之中。

"我要过人的生活。"托尔斯泰认为，真正的人是永远根据自己的良知做事，时时刻刻进行自我反省，以避免自己掉入堕落的深渊，即使曾经有过可鄙的生活，浑身罪孽深重，只要敢于呼唤自己的心中的上帝，勇敢面对以前和以后所有的时光，让"精神的人"永远站在"善性的人"之上，那么就能拯救自己。

"住在他心里的上帝，已经在他的思想感情里醒过来。他感到了上帝的存在，因此不但感到自由、勇气、生活的快乐，而且感到了善的全部威力。"在俄罗斯宗教哲学中，上帝不是至高无上的外在权威，而是在人的内心深处揭示出来的，或者说是在人生的痛苦与悲剧中找到的。不经历痛苦，甚至不经历罪恶，或许未必能发现人们心中的那个沉睡的上帝。只有沉入到自己灵魂的最深处，才能"与活的上帝相遇"。所以，在俄罗斯观念中，"拯救"与"恩典"也不是来自外部，而是在人的生命之中对上帝的内在把握，是对生命的精神改造。也许这种"拯救"不能带来任何外部利益，但对人的精神世界，对人的内部醒悟，有着不可磨灭的力量。

但如果认为忏悔仅仅是为了自己的精神世界得以净化，

那么也就不是托尔斯泰的本意了。一个正直而善良的人，只能是一个利他主义者，对自己的拯救是不能够抱着欣赏的态度，因为一旦如此，人就成为利用别人而使自己精神获益的人，况且这样一来，自己的内心也未必能够完全地净化了。

人的忏悔不能让人死后升天堂，避免下地狱。因为人的心里本来是一个无边无际的空间，它不仅包含着上帝和魔鬼，甚至是包含着天堂与地狱。在这里，天堂和地狱不是死后才能经历的地方，而是在人的这一生，在人的现实生活中，就必定要经历的，是人的精神生命的不同状况的表现。

别尔嘉耶夫精彩地表达了这一思想，他说："地狱之悲剧不在于上帝不能为有罪者洗清罪孽，而在于有罪者自己不能给自己洗清罪孽；地狱不是有罪者在其中受苦的外在环境，而正是一种绝对的孤独。在这里，生命中被压低的良知的呼声，用可怕的不灭之火焚烧着罪孽者。"

这里或许可以看做利他主义的另一个表现：不能损害他人的利益。

看起来，不能损害他人的利益似乎比利他主义降低一个级别，其实这一点恰恰更难以达到，这不仅表明，我们不能牺牲他人的幸福，甚至还表明，我们不能以某种崇高的理由为前提，以牺牲自我为前提，以未来的天国降临为前提而牺牲他人的幸福。

从统治者角度看，运用暴力是错误的，托尔斯泰在他的《复活》中反复强调："要克服使人们饱受苦难的骇人听闻的罪恶，唯一可靠的办法，就是在上帝面前承认自己总是有罪的，因此既不应该惩罚别人，也无法纠正别人。""腐化

堕落的人想去纠正腐化堕落的人，并想用生硬的方法达到目的，结果是缺钱而贪财的人就以这种武力惩罚人和纠正人作为职业，自己却极度腐化堕落，同时又不断腐蚀受尽折磨的人。""要永远饶恕一切人，要无数次地饶恕人，因为世界上没有一个无罪的人，可以惩罚或者纠正别人"。

　　从革命者的角度看，以暴力抗恶也是不可取的。因为，暴力革命的关于遥远将来的绝对幸福的抽象理想扼杀了人对人的具体道德关系，扼杀了对切近的当代人的关怀，也扼杀了当前世界中需要的爱这种活的情感。可以从各国的历史中看到，革命者不仅勇于自我牺牲，还要求自己的朋友、家人，从更广的意义上说是要求他人也要自我牺牲，如果不勇于牺牲，就是怯（qiè）懦，是对强权的惧怕。

　　这样，革命者就演变成为不尊重他人生命的人，以牺牲他人利益来达到革命目标的人。革命者当然也追求人类幸福，但他所爱的并非活生生的人，而是思想，亦即全人类幸福的思想。

　　在托尔斯泰的心

▲ 《复活》图书封面

中，上帝和天国是在人的心中的，妨碍人间天堂的是人的心中难以摆脱的魔鬼。

而暴力革命者认为，妨碍人间天堂之建立的原因不在人的内部，而在人之外——在于他的社会状况，在于社会机制的不完善。由于这个外部原因，因此只能用外部的、机械的手段来消除。

那么魔鬼从"自我"的内部被移植到外部社会机构，人与人本应努力创造的爱被改写成人们对社会机制的恨。这样，革命就从本来意义上的建设性或创造性的事业，变异成为消除和消灭障碍，也就是破坏。

因此，从对未来人类的巨大的爱中产生了对人的巨大的恨，建立人间天堂的激情变成了破坏现实世界的激情。革命者的破坏的心理动机和伴随物永远是恨。革命者认为他们有恨的责任，恨在他们生活中起着深刻的和充满激情的伦理动机的作用。

那么，从这一方面来说，托尔斯泰的不以暴力抗恶非但并不是所谓的反动说教，而相反是对人性的关爱，对人的善良和怜悯的催化。

博爱是基督教精神的一个重要组成部分，也是托尔斯泰主义的一个重要组成部分。在《复活》中，"博爱"几乎可以同"宽恕"等同，因为博爱的最大障碍就是人们不能对伤害过自己的人宽恕。一个人如果不能宽恕别人，人的内心就很容易被"恨"的感情所占据，恶是世界无法和谐、无法共生的根源，恨也一样，而恨往往是因为人们遭受了恶的摧残而造成的。

　　托尔斯泰认为，既然人人心中都是有罪孽的，因此人是不能通过惩罚和报复别人来消灭恶从而寻求自己的安宁，人人都没有这个权力。但是愤恨占据的人的内心而无法使其平静，那么获得安宁的另一个手段只能反其道而行，那就是"宽恕"。一旦宽恕别人，人就可以站在一个更高的层次上，来面对一切不平等和不公正。

　　我们也知道，虽然在很多时候，宽恕不能让作恶的人醒悟，也不能使恶真正消除，也许还可能让作恶的人更加为所欲为，但至少，那些宽恕别人的人从此可以给世界带来更多更无私的爱，可以挽留住人与人之间的理解与友爱。

　　反之，一旦开始报复，作恶方也不一定会善罢甘休，也会同样变本加厉报复，长此以往，所有的爱将会消失殆尽，那么地狱会降临在每个人的心中，那将是更为可怕的。

第七章

疯狂的晚年

结识高尔基

1889年4月，正在俄罗斯大地漫游的高尔基，代表几位与自己有相同命运的铁路工人，给托尔斯泰写过一封信："于是我们向您求援，据说您有许多还没有耕种的土地。我们请求您给我们一块这样的土地。"当时托尔斯泰宣传"平民化"、"接近人民"的社会道德理想，他的追随者中有人便创办了农民移民区。这封信，就是向往独立个人劳动来达到解放的高尔基的冒昧"求援"。这样的信，托尔斯泰一天不知道收多少封，所以他未予理睬。1900年元月，高尔基以一个有前途的先进作家身份，再次拜访了他仰慕已久的托尔斯泰。

1900年1月，托尔斯泰结识了高尔基。托尔斯泰以前听小说家契诃夫向他介绍过高尔基，早就想见见这个出身贫寒的青年作家。

见面这天，有一件小事让托尔斯泰对高尔基顿生好感。高尔基就座之后，习惯地划着火柴想点烟，可一抬头看见了墙上"请勿吸烟"的纸条，便吹灭火柴，把烟收了起来。

托尔斯泰对高尔基很亲切，但他发现刚展露头角的高尔基在文坛上还很浮躁，因此在对其《福玛·高尔捷耶夫》进行了批评，他指出："您那本书是虚构的，很枯燥。从头到尾都是虚构，那种事根本没有，也不可能有。"

托尔斯泰很欣赏高尔基身上的这种庄稼汉似的质朴气质。交谈中，他鼓励高尔基说："您是个真正的男子汉！虽

然您处在作家中将会感到困难，但您什么也别怕！您尽管把心里感受到的东西说出来。写的东西显得笨拙些，这没关系，聪明人会谅解您的。"他们畅谈着彼此的观点，托尔斯泰和高尔基还在"穷人树"下拍照留念。

他们给彼此留下了美好的印象。

高尔基常常给同行的人们刻画托尔斯泰给他的印象：他仿佛是一个雕塑家，以一双手用空气来雕塑，刹那间你在自己面前看到所有这些人物的外貌、身影，真是惟妙惟肖！……是个魔术师……"

高尔基还对契诃夫说过托尔斯泰："我听着他讲，被他叙述的美、单纯和他的思想惊呆了。我看着这位老人，他简直像一块瀑布，像大自然里的巨人。这个人真是惊人的伟大，他的精神的活力使人吃惊，并使你吃惊地想：存在有这样的人简直是不可能的……"

高尔基在给契诃夫的信中还说："当他开始谈话的时候，我倾听着，大吃一惊。他所说的一切都是非常朴素和深刻的……看到列夫·尼古拉耶维奇，是十分重要和有益的，虽然我绝不认为他是大自然的奇迹。一看见他，就非常愉快地感到自己是一个人，并且意识到，一个人也可以成为列夫·托尔斯泰……他待我非常好……"

但是，托尔斯泰的许多思想以及对作品的评论却让高尔基很不舒服。由于长期生活在底层，高尔基对现存的生存状态有一种天然的反叛情绪。他甚至这样说：我喜欢那些愿意使用任何手段（即使是暴力也好）去反抗人生之恶的积极人物。针对这一点，托尔斯泰拉着高尔基的胳膊大声地说："然而暴力就是主要的恶！"

结识高尔基不久，托尔斯泰听到这样一个案子：一个可怜的女人被酒鬼丈夫抛弃了，她爱上了另外一个男人。为了跟所爱的男人结婚，就得先与前夫离婚。而当时离婚极困难，非得向宗教法院行贿不可。于是，女人请求前夫假装自杀，前夫照办了。她就结了婚。没想到，前夫假自杀被发现，她因犯重婚罪被判终身流放西伯利亚，后被从轻发落，监禁一年。

托尔斯泰被这个案件震动了，他不由想起多年前自己当辩护人惨败的情景：那次，他受委托为一个士兵当辩护人，因为这个士兵不堪忍受长官虐待，而打了长官一个嘴巴。在法庭上他力图证明士兵是一时冲动，想借此减轻对士兵的惩处。结果，他的辩护没有起到一丁点儿作用，士兵被军事法庭判处死刑。这两个案件一综合，让托尔斯泰找到了要表现

的东西：揭露沙俄政治法律及教会的罪恶！于是，他很快写出了剧本《活尸》。

1905年1月9日，沙皇政府对赤手空拳的工人队伍血腥屠杀，目睹了这一情景的高尔基愤怒到极点，他当即起草了《告全国公民及欧洲舆论界书》，两天后，高尔基被捕。经知识界及群众呼吁，一个月后被释放。但一出狱就读到托尔斯泰关于俄国革命答复美国记者询问的文章《论俄国社会运动》。这篇文章以托尔斯泰晚年的一贯立场，认为这种"暴力的道路"是决不能达到为人类谋福利的，他甚至指责说："我认为这样的活动是不合时宜的，幼稚无知的，不正确的……和有害的。"

对于目睹血腥场面的高尔基，他的愤怒可想而知。他立即给托尔斯泰写了一封言辞锋利的信："您名字的魅力是伟大的，全世界所有识字的人都在倾听您的话……但是，您向全世界讲到目前在俄国发生的事件的那些话，却迫使我出来反对您……我个人坚定地向您和那些对您的言论会信以为真的人声明，您已经不了解我们祖国的普通工人现在过着什么日子，您不了解他们的精神世界，您不能说出他们的愿望——自从您不再倾听人民呼声的时候起，您已丧失了这个权力。"

在高尔基撰写的《俄国文学史》中，他这样评论托尔斯泰的思想："托尔斯泰在对社会的态度上是反动的……托尔斯泰是俄罗斯思想界中反动思潮的最先的表现者……他关于一切生活的想法——不仅是关于俄罗斯生活的想法——也是深深地反动的……哲学家托尔斯泰的思想，对于我们国家显

然是有害的……"

但就在同一本书中，作者持另外一种观点，这样写道，"让我们转论到艺术家兼小说家托尔斯泰，在这领域内，他却是真正伟大而功勋彪炳的"。而且"不认识托尔斯泰，就不能认为自己认识祖国，也不能认为自己是个文化人"。

托尔斯泰和高尔基相见恨晚，他们之间有一些矛盾、相互的不理解，在上面的评价中也可以看出，高尔基对托尔斯泰是一种分裂的表述，高尔基爱托尔斯泰的作品，却不喜欢他的人道主义的哲学，他们之间的分歧并没有隔断这个两个大文豪的联系，直至托尔斯泰逝世。

《活尸》

《活尸》这个剧本的事被抄写员醉酒泄露了出去，于是许多杂志来信，来人请求刊登，托尔斯泰都说还需要最后润色一下。

《活尸》这部戏究竟讲的是什么呢？

这是托尔斯泰根据一个真实的刑事案件构思完成的。剧本通过主人公费佳·普罗塔索夫与妻子丽莎由婚变导致人生悲剧的情节，展示了一个本质上很优秀的俄国人被黑暗社会摧残，最终变成一个无用的"活尸"的可悲现实，同时也反映自己的伦理道德观。

普罗塔索夫的面前有3种选择：

①或与上流社会同流合污。

②或与社会黑暗进行斗争。

③或以酒浇愁，超然物外。

普罗塔索夫选择了既不与现实社会同流合污，也不与之进行斗争的第3条路。他出入酒馆，与吉普赛女郎玛莎坠入爱河，自以为可以用这种游戏人生的方法来驱散自己心头的隐痛。但普罗塔索夫最终还是举枪自杀，由"活尸"变成死尸，使自己获得最终解脱。

鲜为人知的是，剧中的"活尸"曾经找过托尔斯泰，这个人在现实中并没有自杀，他来找托尔斯泰排解心事儿，托尔斯泰不仅给与他物质上的帮助，还劝他戒酒，后来又帮这个人找了份工作。

同样的，现实中的"丽莎"的儿子也找过托尔斯泰。这个孩子请求托尔斯泰不要发表这个剧本，他们的日子已经够乱的了，他担心母亲会因为这个剧本而崩溃。

托尔斯泰没有想到自己的剧本竟然会带给他们伤害，他和孩子约定了，不演出这部剧作了。

这天，艺术剧院著名导演丹钦科亲自登门拜访托尔斯泰。

"尊敬的伯爵，我是为您的大作《活尸》来的，我恳求您把您的大作交给我们剧院排演。至于条件，您尽管提出来。"导演神态谦恭而诚恳。

托尔斯泰以前就熟悉这位名导演。他婉言拒绝了导演的要求，这就是《活尸》未能在托尔斯泰生前演出的原因，

托尔斯泰去世后，《活尸》的演出大获成功，在1912年1月到10月期间，它共在243家剧院演出了9000场。

开除教籍

　　1901年2月22日，俄国主教公会正式公布了开除托尔斯泰教籍的决议。并在决议中规定，俄国全国的教堂每年在一个星期日做礼拜的时候，神父们必须对所谓的"邪教徒和叛教分子"托尔斯泰伯爵隆重地诅咒一番。

　　托尔斯泰是个伟大的人道主义者，他反对专制暴力，也反对革命暴力，但他晚年批判的矛头主要是指向政府的专制暴力，指向官方教会。为了取代现存的教会和虚伪的基督教学说，他提出"真正的基督教学说"。

　　虽然大多数人不理解也不可能理解托尔斯泰的宗教观点，但是，作家真诚和激烈地反抗统治者的勇气鼓舞了他们，使他们更加仇恨现存的制度。

　　教堂的执事们早就打算征得沙皇政府的同意，强行封住托尔斯泰的嘴巴，甚至制订出把他流放到索洛维茨修道院去的计划。然而，由于作家的声望太高，他们不敢贸然采取行动。当托尔斯泰的长篇小说《复活》问世后，反动分子、黑暗势力的愤怒达到了无法容忍的地步，东正教至圣宗教院给托尔斯泰加上"异教徒"、"叛教分子"等罪名，于1901年2月把他开除了教籍。

　　一帮反动分子等待着托尔斯泰公开承认自己的迷误，但是他们打错了算盘。作家在给至圣宗教院的复信中又一次指出了教会的可耻。1910年9月7日，他在逝世前不久，在给印度甘地的信中指出："暴力的运用与人生最高的法则——爱

是不相容的"，不少基督徒既承认"暴力的运用"，又承认
"爱的法则"，这是虚伪的，与真正的基督教义相矛盾的，
可是如果有人揭露这种矛盾却要受到政府的迫害。"尤其
是你们的不列颠和我们俄罗斯政府，由于一种保守的思
想，他们处罚一切揭露这种矛盾的人比对国内其他的敌人
处罚得更厉害。"

托尔斯泰被开除教籍，当然是他与专制政权和教会长期
对立的结果；而这次激怒沙俄政府的却是他在1900年写的三
篇文章。教会禁止出版他的著作，但托尔斯泰的著作需求量
却大增。检察员禁止在杂志上刊登他的画像，然而在彼得堡
画展中，人们却争相在他的画像下献花。

这个时候的托尔斯泰已经成为人民心目中的伟人，2月
25日，莫斯科的居民纷纷走上街头，游行抗议其被教会逐
出。人们还纷纷用写信、打电报、演讲、派人献花等办法，
向托尔斯泰表示慰问和支持。

在莫斯科一家玻璃厂员工送的一块绿色大玻璃砖上，刻
着这样动人的词句：

"尊敬的列夫·尼古拉耶维奇！您也遭到了像许多走在时代前列
的伟大人物那样的命运。过去，这些伟人们曾被处以火刑、投进监狱、
遭到流放。现在，就像最高主教把法利赛人开除教籍一样，让他们尽其
所能地把您开除吧！而俄罗斯人民把您看做是伟大的、高贵的、可爱的
人，并且为有您而感到自豪！"

3月初，首都彼得堡喀山广场上也出现了示威的人群，
并与警察发生冲突。其实托尔斯泰本人并不在乎被开除教
籍，他担心的是很多社会知名人士在这场冲突中被打。

　　美国俄亥俄州得尔堡文学家协会打来电报，宣布他们吸收托尔斯泰为该会会员。沙皇专制政权机关和教会，本想用开除教籍打击托尔斯泰，削弱他在人民群众中的威信，但他们所得到的却正好相反。在这段时间里，托尔斯泰的名声传得更高更远了。

　　4月份，高尔基因发表《海燕之歌》并参加革命活动遭到逮捕。当时他正身患结核病，要是被投进监狱，等于判了死刑。他妻子情急之际，便来求托尔斯泰帮忙营救丈夫。

　　托尔斯泰立即给内务部的一个贵族亲戚写信，要求帮助释放高尔基。他在信中说：“我个人了解而且喜欢高尔基，这不仅因为他是个有才华的、可珍贵的作家，而且还因为他是个聪明的、心地善良的、富有同情心的人。”与此同时，他还给奥尔登堡亲王写信，提出了同样的要求。

　　一个月后，在托尔斯泰的不断努力下，高尔基终于获释。

　　5月，托尔斯泰一家迁回雅斯纳雅长住，在这次风潮中，托尔斯泰的身体渐渐地垮了。

重病

　　1901年6月，托尔斯泰得了严重的疟疾，一连10天处在死亡的边缘。托尔斯泰的家庭因为他的重病，又紧紧团结在了一起，他妹妹玛丽亚和一些亲戚、朋友也来了。全国各地发来许多慰问信和电报，祝愿他早日康复。

　　10天之后，托尔斯泰病情好转了。一些代表纷纷写信表

示祝贺，其中就有高尔基第一个签名的贺信。罗马尼亚的女王也写信来，表示对托尔斯泰的崇拜和敬仰之情。

俄国最富有的女人帕宁娜伯爵夫人得知后，邀请托尔斯泰到她的克里米亚海滨别墅去住，7月末，托尔斯泰又病倒了，这次他听了医生们的建议，决定去克里米亚疗养。8月底，在一个寒冷潮湿的晚上，托尔斯泰和索菲娅等人分乘4辆马车，离开了雅斯纳雅。

9月5日，托尔斯泰一行从图拉火车站乘火车前往克里米亚。陪同的人员有他的夫人、大儿子谢辽沙、两个女儿玛莎和萨莎，还有一直不被托尔斯泰看好的玛沙的那个败家子儿丈夫。车厢是专用车厢，富丽堂皇，带厨房、餐厅和单间卧室，可家人们仍然忧心忡忡。

铁道部长下令，在指定的列车上挂上直达专车，保证托尔斯泰安全地、不受干扰地到达塞瓦斯托波尔。

傍晚时，火车到了哈尔科夫车站，托尔斯泰一下子被欢呼的人群包围了。人们听说托尔斯泰要路过此地，便特意聚来向他致敬。托尔斯泰强撑病体，接待一个又一个代表的慰问。20分钟后，火车开动了，人们仍然大声喊着他的名字。他只好由夫人和大儿子搀扶着到窗前，向人群挥手致意。

伟大的托尔斯泰，这时人们把他看做是爱和善的化身，已成为举世瞩目的中心。一位朋友在给托尔斯泰的信中说，一些从国外回来的人告诉他，不管在什么地方，在哪个城市，只要偶然听到是一个俄国人在说话，就会有人立刻停止原来的话题，凑上来询问托尔斯泰伯爵的情况。

托尔斯泰的心脏病突然发作，大家都非常担心害怕群众

的热情会要了他的命。

火车到塞瓦斯托波尔之后，他们住进了最好的旅馆。托尔斯泰身体稍有改观便提出去看第四棱堡——当年作战最危险、最惨烈的地方。

在第四棱堡，他变得像个老兵，好像一切都看不够。他们还见到了当年老战友的儿子，并参观了军事博物馆，在博物馆中他看到自己的肖像还挂在那里，他非常生气，说："这豪华的建筑和精心收集的纽扣和碎片有什么用呢？应该忘记所有这些恐怖、暴行和耻辱……"

别墅豪华得像宫殿，又有大海群山的奇妙景色，左邻右舍全是富翁和王公显贵。在那些王公显贵中，有沙皇的叔叔，他得知托尔斯泰来疗养，便常来看望。于是，托尔斯泰便产生了给沙皇写信的想法，希望通过其叔转交。

一切都安排好了后，托尔斯泰又开始写作了，他正在写《什么是宗教？》和《士兵的笔记》以及《哈吉·穆拉特》。

1902年1月16日，托尔斯泰已经病得不能写字，他就口述，由别人笔录，给沙皇写了一封信，对现存制度提出批评和指责，阐述他"道德救世"的思想。

这封信刚写完没几天，他的病情急剧恶化，体温在无法控制地升高，咳嗽加剧，脉搏每分钟150次，有时中断……

于是从莫斯科请来了著名的苏罗夫斯基医生，从彼得堡请来了御医别尔京松。医生诊断为肝硬化、肠弛缓，还有粘膜性肺炎并发的心脏衰弱。他生命垂危，几乎无法挽救了。

托尔斯泰病危消息传出，沙皇政府忙着下命令：托尔斯

泰死后，不许为他举行安魂祈祷，不许举行追悼会，禁止群众集会及一切悼念活动。

莫斯科书报检查机关做出决议：一旦托尔斯泰逝世，禁止在报刊上刊登他的生平及悼念文章。托尔斯泰似乎也意识到了死亡的威胁，他不时地问守候床边的妻子："现在几点了？"

当妻子告诉了他，他又说："我以为，死是很容易的，可没想到是这么难。"然而，托尔斯泰奇迹般地活了过来。到了3月，身体恢复得越来越快。

这真让人喜出望外呀！高尔基风趣地说："生存比死亡更有力量。"

经过一次生死折磨，托尔斯泰更珍视生命、珍惜时间了。他知道自己毕竟所剩时日不多，便着手准备写《回忆录》了。

时间过得真快，转眼到了6月，该返回雅斯纳雅了。

反对战争

从克里米亚疗养回到雅斯纳雅之后，托尔斯泰的身体就时好时坏，但他靠喝马奶酒维持着，开始了写中篇小说《哈吉·穆拉特》。这部小说写得很艰苦，一直到1903年底才写完。后来它被誉为他最后十年中，艺术成就最高的一部作品。

1904年，俄日战争爆发，这在他的内心深处引起极大的

不安，他进而猛烈抨击沙皇政府发动的掠夺战争。当一家外国报纸的记者问他支持俄国还是支持日本时，作家明确地回答说："我既不支持俄国，也不支持日本，而是支持两个国家的劳动人民，他们受到政府的欺骗，违背自己的利益、良心和宗教，被迫去打仗。"

在俄日战争期间，托尔斯泰几乎每天都到邮局去打听关于战争的新闻。有一次，他在路上遇见一群领着孩子去领取自己丈夫抚恤金的农村妇女，不由自主地流下了热泪。他十分清楚，战争的罪魁祸首就是有产阶级，他们妄图侵占别国的领土，奴役别国的人民，因此就发动战争。

◎俄日战争：1904—1905年间，日本与沙皇俄国为了侵占中国东北和朝鲜，进而争夺亚洲及整个太平洋地区的霸权，在中国东北的土地上进行了一场帝国主义战争。

对这场由两国统治集团发动的战争，将两国人民拖入新的灾难，托尔斯泰深感焦虑。他挺身而出，愤怒地斥责俄国的沙皇与日本的天皇。

当托尔斯泰获悉俄国舰队在战争中，有成千的俄国水兵葬身大海时，他痛苦地说："可怕，真可怕！今天和昨天，我都为那些不幸者哭泣，他们忘了'坏的和平比好的争吵要好'的谚语，成千上万的人日复一日地为了一种他们所不理解的观念去死。"

为此，他把远东战争称为沙皇政府强加给俄国人民的暴行。写了《清醒清醒吧》一文。

继远东战争以后，1905年俄国爆发了革命。城市里爆发

了群众性的大罢工，农村里农民起来焚毁了地主的庄园。这时，托尔斯泰的内心是矛盾的。一方面，他欢迎革命，认为它能够从大刽（guì）子手和掠夺者手中拯救俄国。另一方面，他反对用暴力推翻沙皇政权和消灭私有制。

他认为，人民只要不服从政府的统治，不遵守政府的法律，即消极反抗，就能消灭沙皇及其政府的统治。他还向统治阶级的良智呼吁，号召他们自愿地把自己的土地和财富分给穷苦的人民，也不要去迫害那些反抗政府的人们。然而，他的这些美好的愿望是不能实现的。

列宁称："托尔斯泰是1905年革命的一面镜子！"作为俄国千百万农民在俄国资产阶级革命快到来的时候的思想和情绪的表现者，托尔斯泰是伟大的。托尔斯泰富于独创性，因为他的全部观点，总的说来，恰恰表现了俄国革命是农民资产阶级革命的特点。从这个角度来看，托尔斯泰观点中的矛盾，的确是"一面反映农民在俄国革命中的历史活动所处的各种矛盾状况的镜子"。

1905年，作家写信给斯塔索夫说："在整个这场革命中，我好意地、自愿地自命为1亿农民的律师，对所有那些促进农民幸福或能够促进其幸福的事物，我都感到共同的欢乐；对所有那些没有这个主要目标或脱离这个目标的事物，我都不表示赞许。"当作家听到农民抢占地主庄园的传闻时，他并不感到惊讶。他说："可怕的是我们过去掠夺农民，现在仍旧掠夺农民。在这一方面我们是有罪的。怎么能要求一个人对掠夺抢劫过自己的强盗老实、真诚呢？"

从1904年到1907年中，托尔斯泰面对内忧外患的俄国，

深感痛心疾首，虽到高龄之年，仍口诛笔伐，不甘沉默。

但革命过程中屡屡发生的暴力事件，却使托尔斯泰深感失望。1906年11月27日，托尔斯泰的爱女玛莎去世了，这让托尔斯泰不仅感到悲痛，也感到了孤单。玛莎是众多子女中唯一支持他的，在"大分家"时，她和父亲一样放弃了自己应得的那份财产。婚后并不幸福——这是促使她死亡的主要原因。她是死在雅斯纳雅，死时托尔斯泰和她丈夫就坐在床边，看着她平静地闭上了双眼。

爱女的死，让托尔斯泰想到了1904年8月二哥谢尔盖的死，也让他想到了自己的死。

托尔斯泰病重时，二哥已经卧床不起了，还打发儿子来看望过他。原想他会死在二哥前头，可他挺过来了，二哥却先走一步。

托尔斯泰在女儿死后的日记中写道：我觉得，死亡越来越接近我了。最近一段时间，它对我来说是那么亲切而不可怕，那么自然而必然，它不是跟生命对立的，而是跟生命相联系的，是生命的继续。

1905年至1907年革命风暴过去以后，斯托雷平担任了大臣会议主席和内务大臣，开始了反动统治。大批革命者和群众被处死，白色恐怖笼罩全国。

◎白色恐怖：指反动统治者大规模逮捕、屠杀革命人民，破坏革命组织，残酷镇压人民革命运动、民族解放运动的恐怖行为。

有一次，托尔斯泰从报纸上读到一条惊人的消息：赫尔松的20个农民因抢劫地主庄园而被判处绞刑。

他痛苦极了，在屋里一边走，一边喊着："不，这不行！不能这样生活！"很快，他写成了著名文章《我不能沉默》。

文章中毫无畏惧地点名批判并谴责那些制造犯罪、又残杀犯人的祸首：

你们这些人，从法庭书记到首席大臣和沙皇，每天发生暴行的间接参加者，好像不感到自己有罪，也不觉得可耻，而参与制造恐怖，你们应当感到可耻！

不错，你们也害怕人民，像那些刽子手一样，你们对罪行的责任越大，就害怕得越厉害。检察官比书记怕得厉害，法庭庭长比检察官怕得厉害，省长比庭长怕得厉害，总理大臣怕得更厉害，沙皇又怕得比所有的人都厉害！

这次，年近八旬的托尔斯泰真是豁出去了。文章写成，在俄国不能公开发表，他就寄到了国外。1908年夏季，美国、法国、德国、意大利等国的许多报刊几乎同时刊登了这篇文章。

托尔斯泰不仅写文章抨击，还直接写信给内务大臣斯托雷平进行劝告。不管他的抨击与劝告是否起到多少作用，仅他以如此高龄仍不忘为国为民操心这一点，便十分地可敬了。

贺寿

在《我不能沉默》一文，托尔斯泰写道："这实在叫人受不了，不能这样生活……我不能这样生活……我为什么

要写这件事，并且极力传播它，目的是从两条道路中选择一条，要么结束这件没有人性的事情，要么消灭我和这种事情的联系，把我送进监狱……最好像对这20个农民一样给我穿上刑衣，和他们一样地被推开长凳，用自己的体重在自己的老喉咙上勒紧肥皂水浸过的绞索。"这篇论文通过图拉的地下印刷所排印，秘密地传播开来。

革命失败以后，成千上万的革命者被投进了监狱，被流放服苦役，死刑和枪决接连不断。

沙皇政府不仅没有对革命者停止流放、苦役和死刑，就连信仰托尔斯泰学说的人也不免受到迫害。

工人弗·莫洛奇尼科夫因为保存和散发被查禁的托尔斯泰的文章被判处徒刑1年。

托尔斯泰的秘书古谢夫也两次被关进监狱，被判处流放，其罪名是他们散布被书刊检查机关查禁的托尔斯泰的作品。

在轰轰烈烈的大革命中，托尔斯泰意识到了自己的说教——不以暴力抗恶毫无效果。当革命失败，人民遭受屠杀的时候，他以大无畏的精神站出来替人民辩护，多次上书沙皇政府，为民请命，希望"停止流放、苦役和死刑"。

1908年8月28日是托尔斯泰的80诞辰。

俄国文学界积极筹备托尔斯泰80诞辰纪念日和庆祝活动，并在莫斯科成立了筹备委员会。

然而，政府方面却发布了一道特别通令，命令地方当局密切注意，要防止在托尔斯泰寿辰纪念日发生反政府的示威活动；同时，还组织了一批人对托尔斯泰进行诽谤和攻讦（jié）。为此，《兄弟报》上发表了戈尔莫根主教的《大法

师公告》，对托尔斯泰进行恶毒的诅咒和攻击。就在这位主教诅咒的同一天，从瑞士寄来了一篇祝贺词。

这篇祝贺词是由国际救助失业工人委员会主席布罗歇代表"所有国家所有民族"的工人寄来的。

托尔斯泰不把恐吓当回事，对那些诽谤更是处之泰然，但他还是反对庆祝活动。

他本来不想张扬自己，更担心真的会出现什么情况，给政府镇压、迫害提供借口，此时他的心里想的更是那些在大革命中受迫害的群众。

筹备委员会同意他的请求，取消了正式的庆祝活动。但人民对托尔斯泰的敬意、祝贺和慰问是无法取消的。贺信、贺电、贺礼，从世界各地飞向了雅斯纳雅。

大英博物馆也派来了代表，送来了有800名英国作家、艺术家、演员、音乐家和社会活动家签名的祝贺信，其中包括乔治·伯纳德·肖等大作家。

◎乔治·伯纳德·肖：爱尔兰剧作家，1925年"因为作品具有理想主义和人道主义"而获诺贝尔文学奖，其喜剧作品《卖花女》因被好莱坞改编为卖座电影《窈窕淑女》而家喻户晓。他的《贝多芬百年祭》已经选入中国高级中学课改教材。

这位布罗歇主席深情地说：您的天才把无数的财富给予了我们的心灵和头脑，为此，请接受我们谦卑的谢意。

您把自己所能做的一切，把自己多方面才能的全部力量，更主要的是把您整个自身，自己整个人的心灵都给予了人类。

在众多的贺礼中，爱迪生的录音机，让托尔斯泰最喜

爱。有一套镀镍的茶具，上面刻着"力量不在上帝，而在真理"的题词；还有一幅丝绣像，用秀丽的字体绣下了他的整个一篇短篇小说。

手工业者们送来了绣花的枕头；酒厂送来了给他治胃病的葡萄酒；糖果点心厂送来100盒巧克力糖——以便散发给雅斯纳雅的孩子们。还有人送来100把大镰刀，让他奉献给他所热爱的农民。所有这一切，都让托尔斯泰为之感动。

80岁的托尔斯泰，看上去是那么宁静、安详，却带着一丝歉意——因为他只能这么坐着。出席午餐聚会的只有22个人，子女们有的也因事未能到场，客人多是外地的。

因为本月20日伯爵夫人根据丈夫的身体状况，在报上发表了一封信，希望亲朋好友不要前来祝贺。否则，今天到场的人就不知有多少了。席间，谁都未对他敬酒，知道他身体虚弱，只是由他致几句欢迎词。

饭后，托尔斯泰为了表示感谢，与大家一起打牌；晚上与个别客人下棋、聊天，不久就上床休息了。

包括托尔斯泰和众人，都不知道，这一天从火车站徒步赶来了一些人，他们专程来参加庆祝活动，可是没敢惊动虚弱的寿星，便悄悄地返回了。

就在纪念托尔斯泰80诞辰的时候，伟大的导师列宁为他献上了一份特殊的"贺礼"：在布尔什维克的秘密报纸《无产者》上，发表了《列夫·托尔斯泰是俄国革命的镜子》这篇著名文章。

就在这一年，发生了一件让托尔斯泰极度愤慨的事情。

离家出走

在19世纪70年代，托尔斯泰的世界观发生了激变，抛弃了上层贵族的一切传统的观念。当时，他已看到了在富人的奢侈和穷人的贫困之间存在着一条不可逾越的鸿沟，他清楚地懂得统治阶级的全部虚伪和不义，也懂得了劳动人民的精神美德。人们认为富裕的财产和享乐的生活是光荣，是幸福，他却感到自己富裕的贵族家庭生活是一种罪过，是耻辱，决心要抛弃它，因此产生了离家出走的念头。

然而，托尔斯泰长期处在徘徊动摇之中，他毕竟与自己阶级的习惯和传统有着千丝万缕的联系，他爱自己的家庭、妻子和孩子，不想让他们陷入困窘的境地。但是，他在自己家里生活得时间越长，他的精神就越烦闷，周围的气氛也越使他无法忍受。他的夫人索菲娅的父亲是宫廷御医，她从小就跟着父亲出入宫廷，上层贵族阶级的生活习惯较深，未能摆脱世俗偏见，于是在如何对待财产和享乐生活等问题上，家庭矛盾就开始发生了。

1885年，托尔斯泰在给索菲娅的信中说："当我发生精神激变的时候，你并没有意识到这件事情意义的重要性……只是附和一般的见解，用全力和它作斗争，于是我们就斗争了8年。这种斗争的结果是我比以前更加痛苦。但是我并没有停留在以前的观点上，而是沿着那个方向走得更远。"

1906年夏天，托尔斯泰和索菲娅的关系因为农民私自砍树而再次紧张起来。

后来，事情因为索菲娅的患病有了转机，索菲娅子宫中长了个纤维瘤，病痛中的她乞求丈夫的原谅，这使得托尔斯泰非常高兴，然而手术成功后索菲娅又恢复到以前的状态。

1908年5月9日，在《俄罗斯报》上刊登了一条消息："今天在赫尔松的斯特列里比兹野地，20名农民被判处绞刑，因为他们抢劫了伊丽莎白格勒县的地主庄园。"这个消息激怒了托尔斯泰，他口里喊着："不能这样生活！"

《我不能沉默》随即发表出来，这引起了俄罗斯人民的共鸣，很多报刊不顾危险刊登了它。

然而托尔斯泰却再次对妻子失望了，索菲娅带来的乡村警察又在森林里逮捕了拾木头的农妇。托尔斯泰对此无能为力，他宣传宗教，以为自己剥夺了农民的一切，托尔斯泰在日记中写道："我又想出走了……"

确实，索菲娅不理解托尔斯泰思想激变的意义，总是用贵族阶级的传统观点和托尔斯泰不断斗争。托尔斯泰要把财产分给农民，她坚决反对。1891年，她和儿子伊里亚等主动提出分家，除去女儿玛莎自愿放弃外，每个子女都分到了财产。1908年，索菲娅不听从托尔斯泰和女儿萨莎的劝阻，把4个偷了她庄园上白菜的农民关进监狱，并请来警察看守庄园。

家庭的矛盾斗争并没有结束，矛盾又从田产转到著作权上来。托尔斯泰公开表示要放弃1881年以后的著作权，供社会公共使用。1895年，托尔斯泰在遗嘱中写道："我要求我的继承人把我的《十卷本》和《识字课文》都交给社会享用，就是说放弃著作权。"索菲娅坚决反对，到处搜查托尔

斯泰的手稿。有一次，托尔斯泰重病躺在床上，索菲娅还要逼着他说出收藏手稿的抽屉钥匙。

女儿萨莎恳求母亲不要打扰父亲，她却气愤地说："要知道，他一走，手稿就会被人偷走。"这时在索菲娅看来，似乎手稿比托尔斯泰的身体更加重要。

托尔斯泰没有办法，后来就躲在树林里秘密地写了一份遗嘱，遗嘱上写明他的著作权死后交给儿子谢尔盖、女儿塔尼娅和萨莎，由他们共同负责捐献给社会。后来经过反复考虑，他又把遗嘱改写成由小女儿萨莎一人负责处理，并且对萨莎做了明确指示，把出版第一版得到的钱"最好从你妈妈那里买回雅斯纳雅·波良纳等庄园，然后再交给庄稼汉……"

索菲娅从托尔斯泰的秘密日记里知道他写过这份遗嘱，就逼着他交出并毁掉这份遗嘱，托尔斯泰不肯，于是矛盾就更加尖锐起来。索菲娅气愤地拿玩具枪射击墙壁上挂着的萨莎的照片，并把萨莎赶出了家门。人们认为她发了癔病，劝她好好治疗，可是观点同母亲一致的列夫却恶狠狠地指责说："应当治病的不是母亲，而是父亲，他老糊涂了！"托尔斯泰听了，气得手足发抖，话都说不出来。

◎癔症：又称歇斯底里，是一种常见的精神障碍，其临床表现多种多样，故有人称其为"疾病模仿家"。

1910年秋，托尔斯泰终于下定决心离家出走。起初，他打算移居到农民诺维科夫居住的鲍罗夫科沃村，后来改变了计划，他决定到南方去，大概是想到高加索去，因为在青年

时代那里的人民和大自然使他倾倒迷恋。

1910年10月27日夜11时，托尔斯泰上床睡了。这时，他已不坐推椅，但一根手杖却不离身边。身体时好时坏，背也越来越驼，个子也显得矮小了。但高尔基说得好："尽管他身材矮小了，可是他一走出去，所有的人都立刻显得更矮小了。"

忽然，半夜3点多，睡梦中的托尔斯泰被什么东西惊醒了。他听到了开门声和脚步声，便从门缝望出去，见妻子索菲娅正在他书房翻找什么，她一定是在找遗嘱，托尔斯泰心想。

随着年龄的增大，托尔斯泰越来越担心，在他死后，夫人和大多数孩子不会遵循他生前的意愿，继续放弃他的著作出版权——而他是决心要让作品成为全民的财富！为此，他决定秘密地立下遗嘱，正式声明自己将永远放弃著作出版权。

就在这年夏天，他瞒着妻子和儿女，由他朋友切特尔科夫等人作证，在离家几里远的一个树林里写下了遗嘱。可是不久，他妻子索菲娅便知道了这件事，并多次追要遗嘱。

托尔斯泰告诉妻子遗嘱放在切特尔科夫手里，可妻子不相信。从那以后，妻子常在夜里窜到他书房翻找。今天不知为什么，他感到了难以忍受的厌恶与愤慨。他想入睡，可是睡不着。看着亲爱的人的争夺，他决定了出走。

于是他决定立即出走。他点上蜡烛，给妻子写了封信。然后去叫醒医生马柯维茨基和小女儿萨莎，对他们说："我已经决定了，现在就走。你们准备一下吧。"

很快，医生来书房通知他说："都准备好了，可以走了。"马车上已放好了行李。萨莎和医生帮助托尔斯泰坐进马车。

这一切都是在悄无声息中进行的，托尔斯泰在去马车房的路上把帽子给弄丢了，只好光着头去叫醒马车夫，装好东西后，与萨莎告了别就出发了。

而在雅斯纳雅一切都乱了，索菲娅一觉起来找不到托尔斯泰，这个时候女儿萨莎把托尔斯泰留下的信递给母亲。母亲接过信，飞快地看着。

信上写道：我的出走将使你伤心。对于这一点，我是很遗憾的，但是请你理解并且相信，我不能不这样做。除去其他原因外，现在我再也不能像过去那样过奢侈豪华的生活了。我的做法跟我这种年龄的老人通常所做的一样，就是离开世俗生活，离群索居，在幽静的地方度过余生。请理解我这一点。如果你打听到我的去向，也不要来找我。你来只会使我的处境变得更糟，而且也决不能改变我的决定。感谢你跟我忠实地生活了48年。请宽恕我在你面前所犯的一切过错；我同样也真诚地原谅你在我面前可能有过的一切过错。我劝你要安于我出走给你造成的新处境，并且不要对我抱有恶感。假使你有什么事要告诉我，那就请你告诉萨莎，她会知道我的地址的，并且会把必要的事转告我。我的地址，她是不会讲的，因为她答应过我不告诉任何人。

列夫·托尔斯泰

索菲娅看完信，整个人崩溃了似地往池塘跑，不小心跌入了水中，等人们赶来时，她已经被水淹没了。

回到天国

兄弟们知道了父亲出走的消息都写信劝父亲回来，只有谢尔盖认为：父亲在无可奈何，走投无路的情况下出走是一项正确的选择，因为母亲有神经质的毛病，许多地方失去了自制力，这对两个人都是很痛苦的。

托尔斯泰那夜出走后，由医生马科维茨基陪同转乘火车，经过一天的颠簸，晚上到了奥普季纳修道院旅馆，他们在那里住了一宿，到达修道院后，托尔斯泰给萨莎发了份电报，并写了封信说："我极力镇静下来，可是应该说我感到像平常一样的不安，我等待着痛苦。但是，我没有体会到经常在家里体会的那种羞耻、不自在和不自由。"

在那里，他口授了最后一篇论文《有效的手段》。然后，他们乘马车到妹妹玛丽亚所在的沙莫尔金诺女修道院，下午6时到达。赶巧外甥女丽莎去看母亲，她们母女对托尔斯泰表示理解和同情，使托尔斯泰感到欣慰和愉悦。

他便想在附近租的农舍里住下来。10月29日，切特尔科夫的信送到了，对他的出走表示肯定与支持。

10月30日，萨莎赶来，带来妈妈、哥哥、姐姐的信。看完妻子的信，托尔斯泰流下了眼泪。

信是这样写的:亲爱的，回家来吧。你救救我，否则我会自杀的。你是我终生的朋友，你希望我做什么，我一定做什么，我将抛弃一

切奢侈，我们一起友好地对待你的朋友们，我将去疗养，我会温顺的。

所有的孩子都在这里，但是他们那种过于自信的武断是帮助不了我的。我需要的只有一种东西，那就是你的爱，我一定要见到你。我的朋友，请允许我哪怕向你告别也行，哪怕让我最后一次对你说'我是多么爱你'也好。你唤我去吧，或者你自己回来吧。请饶恕我，我一直在寻找你，呼唤你。我的心里是多么痛苦啊。

但托尔斯泰没有选择。第二天，没有向大家告辞，他就坐车到科泽尔斯克车站去了。于是，他又给夫人写了一封信，劝她好自为之，不要再找他。信里他说："见面，尤其是回去，目前是不可能的。正如大家所说，这对你极其有害，对我则十分可怕。我劝你接受已经发生的一切，适应一时还不习惯的新处境，而主要是就医。不要认为我出走是因为不爱你，我爱你，而且真诚地怜悯你，但我不能有别的选择。"

10月31日凌晨4时，托尔斯泰给妹妹玛丽亚写了一封告别信，就跟医生找辆马车到火车站去了。萨莎随后追到火车站，刚上车，火车就开了。托尔斯泰决定先到新切尔卡斯找外甥女丽莎的丈夫，如果能弄到护照，就从那儿上保加利亚托尔斯泰侨民区去；如果弄不到护照，就改去高加索。

在火车上，5点多，托尔斯泰感到浑身发冷，急忙喊萨莎。萨莎来给他盖上毛毯，并给他试了体温。他正在发烧。医生说给他喝开水或带酒的茶会好些。等火车进站时，萨莎就下车打来了开水。

但是，喝完茶水，托尔斯泰却继续打寒颤，体温又升高了。萨莎和医生商量后，并征得托尔斯泰同意，他们决定不

往前走了。于是，晚上8点左右，当火车开到阿斯塔波沃车站时，他们下了车。

下车后，医生请车站的站长帮助找个住处，因这里没旅馆。站长劝他们住在他家里。

下车的时候，萨莎和杜尚搀扶着托尔斯泰，一路上，人们向他脱帽致敬，他也艰难的向大家回礼。一到站长家他就昏迷过去了，医生给他打了强心针他才渐渐恢复知觉。

11月1日，托尔斯泰口授，由萨莎执笔给大哥谢辽沙和大姐塔尼娅写了一封信。

信里说："我希望并且深信你们不会因为我没有叫你们来而责备我。如果我叫你们来，而不叫妈妈来，她会很伤心的，其他兄弟也如此。你们要好好理解我叫切特尔科夫来的意思。他把毕生精力献给了我最后40年所从事的事业。这个事业不仅对我个人重要，我认为（不管是对是错）它对一切人，包括你们也都很重要。再见了，你们要尽力劝慰妈妈，我对她怀有最真诚的怜悯和爱。"

11月2日，托尔斯泰病情加重，开始咳嗽。痰里有血，医生说是肺炎。

当天下午5时，医生收到一封电报，说托尔斯泰夫人带两个儿子和医生等人将乘特快列车赶来。11月3日，三个著名医生赶到。

同一天，夫人和几个子女赶来了。医生和大家商量，为了不让托尔斯泰激动，只允许长子谢辽沙和长女塔尼娅先去看他。

11月4日，托尔斯泰失去了知觉。有时他还说胡话，但

很难听懂说什么。

11月6日，萨莎和塔尼娅正守候在床边，他对萨莎说："我只是劝你们记住一点，世界上除了列夫·托尔斯泰还有很多人民，而你们只看到了一个列夫。"

接着他又说："真理……我爱许多……所有这些……"

11月7日，凌晨5时，托尔斯泰夫人被允许进去看失去知觉的丈夫。她俯身向丈夫吻别，泪水滴落到丈夫的脸上……

同日，6点05分，托尔斯泰与世长辞了。

11月9日清晨，托尔斯泰的灵柩（jiù）运回雅斯纳雅·波良纳，他的遗体被安葬在扎卡斯峡谷旁的那个树林里——传说这片树林里就埋着神秘的小绿棍。成千上万的人前来送葬……

3年后，托尔斯泰没有出版过的著作全部出版，著作权归人民享有。

在《世界之窗》刊登的编译文章——《回忆祖父列夫·托尔斯泰》中，介绍了托尔斯泰过世后的一些情况：

1910年秋末的一天，妈妈非常严肃地告诉我们，说爷爷乘火车离开了雅斯纳雅·波良纳。不久得到消息：爷爷途中患病，住在阿斯塔波沃火车站的站长家里。以后的几天令人十分不安，伯伯家里、雅斯纳雅·波良纳和许多村子里，到处是一堆堆人群，好像害怕会失去什么。似乎乌云笼罩着一切，大家在等待着消息而又害怕听到什么消息。

妈妈告别我们去看望爷爷，可还没有到达目的地就接到噩耗：爷爷已经去世了。这如同晴天霹雳，把我们吓得目瞪口呆。

爷爷的遗体用货车运到离雅斯纳雅·波良纳6俄里左右的查雪卡火车站。由于车站挤满了人群，我们无法前往，只好一大清早从契尔特科夫动身到雅斯纳雅·波良纳庄园。

初冬的一个阴沉寒冷而又悲戚的早晨，结冰的路上坑坑洼洼，水面收紧的薄冰发出轻轻的脆折声。

我们默默无声地行进，所有这些都使我感到心情格外沉重和压抑。

当我们的马车经过乡村时，发现许多人走到街上。当然，与聚集在车站和铁道两旁的成千上万的人相比，他们毕竟还是为数不多的。

看来沙皇政府更加害怕死去的托尔斯泰，因而把前来参加护送灵柩的大学生专车中途拦住，在灵柩护送队伍必经的沿途两旁，出动了骑警，如临大敌。

在古老的圆形塔楼旁，雅斯纳雅·波良纳庄园的大门边，我们从马车上下来，等候着爷爷灵柩的到来。

我们终于看到徐徐行进的人群，从远处的山坡上下来，穿过大路直向我们这边走来。当人群走近时，我们听到悲切感人的《永久思念》的庄严的歌声。开始时仿佛是从周围树林里传来的深沉的哀吟，而后声音越来越大，好像大风琴发出的悲鸣。

在山坡上，我们看到沙俄政府派出的警察，虎视眈眈地注视着送葬的人们。但人们不去理会，因为这时每个人心中只感到无限的悲痛和忧伤。

从雅斯纳雅·波良纳来的农民走在送殡队伍的最前面，他们手里举着自己做的大横幅，上面写的内容大致相同：

"我们敬爱的老师列夫·尼古拉耶维奇永垂不朽！"

许多哀悼的人失声痛哭，当他们上前向爷爷遗体告别时，几乎站立不住，甚至要朋友们搀扶着。一些亲戚和爷爷生前好友抬着放在未加盖的棺木里的爷爷的遗体。

灵柩暂时放在一楼的客房里，通向花园的大门敞开着，满怀敬仰之情的人们川流不息地从灵柩旁走过，瞻仰爷爷的遗容。我记得，当我看到这么多前来吊唁的陌生人时，几乎有点发呆和腼腆，同时也为爷爷的伟大人格感到骄傲和自豪。

当时的情景至今历历在目，我还记得其中的一些人——极度悲伤的老农民，他们的痛悼之情真切感人，难以言喻。

根据爷爷生前的嘱咐，葬礼很简单，没有宗教仪式。送殡的人往树林里走去，到爷爷生前最喜欢的9棵柞树边停了下来。

爷爷小时候经常在这里同他最喜爱的哥哥尼古拉做游戏，他一生中喜欢到这个远离人烟的僻静的地方来。他也选择了这个地方作为他最后的归宿地。

大学生排成队，站在送殡行列的两旁。当我们迈着沉重的步伐徐徐行进时，他们低声地唱着挽歌。

在墓前，有个人致悼词，其余人站着，脱帽致哀。还有不少人爬到周围的树上，想看和听得更清楚些。

致完悼词后，大家在爷爷坟前跪拜，再次唱起了《永久思念》的挽歌。

人民热爱托尔斯泰，悼念他，沙皇政府却害怕他。当托尔斯泰离家出走时，政府就派了便衣警察紧跟随他，监视

他。托尔斯泰逝世后，沙皇政府害怕会在知识分子和劳动人民中间引起巨大的风潮，害怕人民不仅把他当做伟大的艺术家，而且把他当做被革除教门的叛逆者、专制制度的无情揭露者来纪念，所以向各省发布禁令，不准举行任何纪念托尔斯泰的集会。

但结果彼得堡、莫斯科、基辅等大城市还是照样举行罢工、集会和示威游行，用这样的革命行动表示对托尔斯泰的沉痛悼念。

国家杜马工人代表团特地拍来了唁电，说他们"代表全俄国和国际无产阶级，对天才的艺术家、反对官方教会的不屈不挠的和不可战胜的斗士、专制和奴役的反对者、大声疾呼反对死刑的人和被压迫者的朋友的逝世，表示沉痛的哀悼。"

托尔斯泰是列宁所喜爱的作家，列宁在纪念托尔斯泰的几篇文章中，全面地、深刻地评价了托尔斯泰的观点及其创作，"列夫·托尔斯泰在自己的作品里能提出这么多重大的问题，能达到这样大的艺术力量，使他的作品在世界文学中占了一个第一流的位子。"

| 1828年 | 1岁 | 8月28日诞生于雅斯纳雅·波良纳。 |

1836年　8岁　全家迁居莫斯科。同年，丧父。

1841年　13岁　8月第一监护人去世。9月随第二监护人迁往喀山。

1844年　16岁　考入喀山大学东方语文系。

1847年　27岁　退学回家。同年，兄妹分家，得到雅斯纳雅庄园，成为贵族地主。

1848年　20岁　在人生路上彷徨，求索。

1851年　23岁　随长兄去高加索。同年，参军。

1852年　24岁　正式入伍，成为炮兵下士。6月处女作、中篇小说《童年》完成，9月发表在《现代人》第九期。12月短篇小说《袭击》脱稿。

1853年　25岁　参加讨伐车臣人的战斗。

1854年　26岁　擢升为准尉。离开高加索，去多瑙河部队。

1855年　27岁　在塞瓦斯托波尔第四棱堡参加战斗。写作系列小说《塞瓦斯托波尔的故事》。

1856年　28岁　三哥德米特病逝。以中尉衔退役。

1857年　29岁　第一次去西欧游历。

1859年　31岁　在雅斯纳雅创办农奴子女学校。写作中篇小说《家庭幸福》。

1860年　32岁　第二次去西欧游历。9月长兄病逝。

1861年　33岁　在伦敦结识赫尔岑。5月任图拉省克拉皮文县第四区调解人；同月与屠格涅夫绝交。

1862年　34岁　庄园遭到搜查。9月同索菲娅结婚。

1863年　35岁　创作《战争与和平》。

1869年　41岁　写完《战争与和平》。

1873年　45岁　创作《安娜·卡列尼娜》

1874年　46岁　表姑塔吉雅娜去世。

1875年　47岁　写完《安娜·卡列尼娜》。

1877年　49岁　开始探索人生哲理和宗教问题。

1880年	52岁	动笔写《忏悔录》。
1881年	53岁	徒步去奥普季纳修道院。秋天，全家迁居莫斯科。
1884年	56岁	创办媒介出版社。
1891年	63岁	把财产分给妻子儿女。放弃了部分作品的版权。开始赈灾活动。
1893年	65岁	赈灾活动结束。
1898年	70岁	写作《复活》。
1899年	71岁	《复活》发表，稿酬资助杜霍博尔派教徒移居国外。
1900年	72岁	当选俄国科学院文学部名誉院士。结识高尔基。
1901年	73岁	被开除教籍，引起风潮。
1908年	80岁	80寿辰，收到爱迪生的礼物——录音机。
1910年	82岁	离家出走。病逝。

托尔斯泰 生平大事年表